Des Remèdes Naturels pour les Angoisses des Chiens

TAMARA SHAW

DÉDICACE

Tout mon amour et mes remerciements
particuliers à mes patients, humains ou
animaux, à tous les thérapeutes
rencontrés sur ma route qui ont
transformé ma vie, l'ont rendue plus
belle et qui ont aussi guéri mon coeur.

Merci à Catherine Philippe qui m'a
accompagnée et épaulée dans la
traduction de ce livre en français.

Je dédicace mon livre à ma famille et je
la remercie de m'avoir transmis cet
amour si profond envers les animaux.

Et un merci tout spécialement à Abbie,
Désir, Harley, Rosie, Bozo, Tejon,
Addilita, Glenda, Becky, Tammy Renee,
Franck, Wilhelm, Jean Pierre et
Leopold..

Introduction :

À propos de l'auteur

Après une formation initiale en droit, travaillant avec divers cabinets et la Cour d'Appel du Michigan, Tamara Shaw s'est tournée vers son côté créatif et possède un riche parcours professionnel en tant qu'écrivain / productrice dans les grands studios d'Hollywood. Mais au travers de ses expériences, elle a souhaité vivre sa passion de cœur et d'âme pour poursuivre une éducation et une formation holistiques dans le bien-être des animaux et des humains. Elle a commencé sa formation avec le renommé mondial Jean Pierre Hourdebaigt, un grand expert dans les thérapies des massages canins et équins.

Puis, Tamara a voyagé et est devenue une assistante expérimentée, auprès de vétérinaires et de thérapeuthes humains et animaux, spécialisés et renommés. Aujourd'hui, avec plus de 20 ans d'expérience et après plus de 10 000 heures de formations théorique et pratique aux techniques holistiques et ostéopathiques pour les grands et petits animaux et les personnes, elle a ouvert son Centre de Soins à Huelgoat dans le département du Finistère, en France mais elle exerce aussi au Texas aux Etats-Unis dans son cabinet Osteo-Tam.

À son cabinet, elle offre des séances de bien-être, des soins ostéopathiques, des cours de certification et des activités pour les animaux et les personnes. Ces séances offrent des options de rééducation de plusieurs niveaux selon les animaux rencontrés et une grande variété d'alternatives de guérisons naturelles.

Une session animale ou humaine avec Tamara peut inclure des massages thérapeutiques, de la chiropractie, de l'acupression, des thérapies par méridiens d'acupuncture, du Reiki, de la magnétothérapie, de la thérapie au laser froid, de l'hydrothérapie, de la thérapie cranio-sacrée, de la thérapie sonore, du Reiki (Usui, Karuna), de la guérison énergétique des anges, de la rythmique pythagoricienne Guérison des méridiens, chamanisme de médecine amérindienne, réadaptation et communication animale. Chaque consultation comprend un plan complet de soins naturels qui est personnalisé en fonction des besoins de chaque patient et peut inclure l'homéopathie, des suppléments nutritionnels, des élixirs floraux, de la phytothérapie, de la gemmothérapie, des essences de cristal, des affirmations, des méditations, des visualisations, de la rééducation et plus encore.

Tamara continue d'exercer comme partenaire avec des refuges et des vétérinaires aux États Unis, en Allemagne, en France et aussi dans toute l'Europe. Elle poursuit ses programmes pour développer des thérapies de réhabilitation et de rééducation et forme aussi les assistants vétérinaires, les éducateurs, les responsables de refuges…

SOMMAIRE

SOMMAIRE

1

MON HISTOIRE

Chercher la Synchronicité.

J'ai grandi dans une maison entourée de beaucoup d'animaux. Au départ, nous avions deux chiens et un chaton. Ensuite, chacune des trois filles de notre famille a été autorisée à avoir un petit animal de compagnie. J'avais une perruche et mes sœurs possédaient l'une un hamster, et l'autre, un cochon d'Inde. Ma mère avait un Ara et un Cacatoès. Puis, des chats errants ont trouvé refuge dans notre maison et avant que nous puissions réagir, deux portées de chatons sont nées. Les chats ont débusqué des lapins qui ont également intégré la famille. Quatre lapins sont donc venus agrandir cet arche de Noé. Au total, vingt huit animaux embellissaient nos vies. La chose la plus étonnante sur ce point était, que ce qui pouvait être considéré comme démentiel dans cet accueil de tant d'animaux, nous offrait à l'inverse une vie familiale quotidienne d'une beauté inégalable où chacun trouvait son rythme et ce, sans changer l'ordre familial des choses.

Parallèlement à cet amour profond envers les animaux, chaque membre de ma famille était très intuitif. Ce n'est pas parce que nous avons passé beaucoup de temps en famille que l'on devient intuitif face à l'autre. Les journées passées ensemble étaient tout à fait normales comme dans toute autre famille. Mais chez nous c'était quelque chose en plus. Nos conversations ressemblaient à celles-ci :

Maman : "Comment s'est passée …."
(l'évaluation)-?"

Moi: "- J'ai un '20 sur 20.'"

Maman : "Veux-tu y aller (chercher de la glace?) …?"

Moi : "--Oui! … un cornet trempé dans du chocolat ?"

Nous lisions dans les pensées de chacun. Je n'ai jamais eu à terminer ma phrase car à mi-chemin de la phrase, l'autre membre de la famille savait exactement ce que j'allais dire et anticipait déjà la phrase que je n'avais pas encore terminée. Ce n'est que lorsque je suis partie étudier à l'université et que j'ai commencé à vivre ma vie en dehors de la maison familiale que j'ai réalisé que je ne terminais jamais mes phrases. Je ne sais pas pourquoi les gens ne comprenaient pas ce que je disais la plupart du temps et pourquoi ils semblaient attendre quelque chose de plus de ma part, comme terminer simplement ma phrase.

Nous avons tous la capacité d'éprouver ces sentiments avec nos animaux. Nous éprouvons devant une boule de poils un sentiment de liberté et d'amour intense. Quand ces êtres de fourrure nous montrent leur affection, cela ouvre nos cœurs et nous permet d'aimer plus profondément. Leur amour est pur et inconditionnel. Avoir des animaux dans ma vie m'a sauvée. Ils m'ont aidée à me sentir en sécurité, aimée, joyeuse et je ne peux imaginer ne pas avoir mon meilleur ami heureux à côté de moi. Et aujourd'hui, c'est ce que je ressens lorsque je travaille avec mes patients. Il n'y a pas de plus grande joie pour moi que de voir mes patients animaux se sentir mieux.

En travaillant sur un animal, il y a différents niveaux de communication émotionnelle qui se manifestent au cours de chaque session : premièrement, la confiance initiale qui va faire que vous allez vraiment l'aider à se sentir mieux, puis une compréhension avec une connexion de l'âme et enfin une libération émotionnelle.

L'établissement de la confiance est le premier niveau. Le fait que le chien me permette de le toucher ne veut pas dire qu'il me fait confiance. En fait, certains chiens sont comme des robots, ils sont tellement conditionnés à laisser les gens les toucher qu'ils ne se soucient pas de qui les touche. Ce n'est pas de la confiance. Il y a un moment pendant la séance, où le chien décide qu'il peut me faire confiance. C'est peut-être la façon dont je masse son cou, ou qu'il comprend simplement mes intentions, mais le chien se retournera toujours et me regardera dans les yeux. Parfois, je reçois un baiser sur les mains ou sur le nez avec les animaux les plus exubérants, ou alors le chien continue simplement à m'honorer en me laissant le toucher après qu'il m'ait regardé dans les yeux.

Le deuxième niveau de communication émotionnelle qui se produit lors d'une consultation est la compréhension et la connexion de l'âme. Lorsque je travaille sur un endroit précis du corps de l'animal, sur lequel je sens que cela a été douloureux, ses yeux changent et l'animal émet de la gratitude. Parfois, le chien gémit, certains appuient de tout leur poids sur mon corps pour que je les masse plus fort parce que ça leur procure tellement de bien, et un autre peut me dire: ``Ça fait du bien, mais ça fait vraiment mal ici ! " En réponse, il détourne son épaule et me présente sa hanche pour inverser le massage. D'autres peuvent également lever leurs pattes et les glisser entre mes mains. Avec cette communion, nous partageons de la gratitude.

Le troisième niveau de connexion émotionnelle lors d'une consultation est lorsqu'il y a une libération émotionnelle. Situation similaire que l'on rencontre aussi chez les humains. Les émotions sont bloquées dans différentes zones du corps et si elles ne sont pas traitées, elles causent de la douleur. Pendant que je travaille sur l'animal, je ressens l'émotion qui a causé la douleur. Parfois, je vois dans mon esprit l'image d'un événement qui s'est produit et je ressens ce qu'ils ont éprouvé : leur peur, leur tristesse, leur confusion. Parfois, je dois retenir mes larmes. L'émotion est si forte. Je me connais et je "vis'" généralement d'une vibration positive et je suis extrêmement heureuse de travailler avec chaque animal, alors, quand ces sentiments montent et affluent, je sais que ce n'est pas moi qui ressens de la pitié mais c'est l'animal qui me transmet son émotion pour que je puisse y mettre un nom et le libérer. C'est un facteur majeur dans la guérison du chien.

Après cette libération, l'animal change. Les propriétaires reviennent vers nous et nous racontent comment l'animal est devenu plus détendu, plus enjoué, a "rajeuni". J'entends souvent dire que l'animal a pris son jouet préféré et a voulu jouer à nouveau comme au bon vieux temps.

Je crois que les chiens sont des empathes, ils feront tout ce qu'ils peuvent pour vous aider à vous sentir mieux. Avec un animal, nous sommes en sécurité et nous pouvons nous sentir pleins de joie, en partageant une communion basée sur un amour inconditionnel et une fidélité sans fin. Mais nous pouvons aussi nous sentir tristes, en colère, blessés, désespérés. Les chiens absorbent tout. Je ne dis pas cela pour que nous culpabilisions et que nous nous sentions mal à l'aise. Nous sommes humains et nous avons des émotions complexes et il est impossible d'arrêter ce processus. Je le souligne parce que neuf propriétaires sur dix, de mes patients animaux rencontrent les mêmes problèmes physiques que ceux de ses maîtres.

Le lien entre les animaux et leurs propriétaires est vraiment miraculeux et souvent le remède pour le chien est le même que celui dont le propriétaire a besoin.

C'est vraiment étrange mais combien de fois par jour

je constate la véracité de ces faits avec mes patients. Pour les animaux de compagnie qui sont avec leurs propriétaires depuis un certain temps, ces derniers commencent à avoir les mêmes manières que leurs propriétaires, mais de plus, non seulement, ils commencent également à rencontrer les mêmes maux et douleurs. La plupart des gens prennent soin de leur animal de compagnie avant de prendre soin d'eux-mêmes. J'ai réalisé que si le propriétaire n'était pas guéri, l'animal continuait à avoir le même problème et c'est ainsi que j'ai donc commencé à travailler avec les personnes.

C'est cette connexion et cette synchronicité que je veux vivre avec mon chien et que je souhaite transmettre à toutes les personnes qui m'entourent.

Apprendre à aider les animaux à se sentir mieux, a changé ma vie. Prendre soin de l'animal, éprouver de l'empathie, être intuitive, aider les gens et les animaux à se sentir mieux m'ont permis "d'embrasser" la vie. La connexion avec mon chien est très importante pour moi. Lors de cette connexion, je perçois ses inquiétudes. Je vois comment ma chienne Abbie appréhende les événements et essaie de les comprendre. Je me rends compte aussi comment elle essaie de me manipuler pour arriver à ses fins. Mais je ressens aussi ses craintes et sa peur de ne pas me plaire.

Nous plaisantons en disant que nous commençons souvent à ressembler à nos chiens. Pour moi, chaque animal a une personnalité humaine. Quand je vois ma chienne, Abbie, sur une photo, je peux parfois voir sa personnalité humaine et voir comment elle grandit. Elle n'est plus le bébé mais une jeune adolescente avec de grands sourires. Et en conséquence, je ne la traite plus comme un chiot, mais je lui fais confiance et la guide dans ses décisions. Cela peut signifier qu'au lieu de la punir pour son mauvais comportement, je peux juste dire un mot et la regarder dans les yeux et elle cesse aussitôt. Elle est devenue moins anxieuse et craintive et trouve maintenant du réconfort et se sent en sécurité avec moi. Je comprends également que notre relation évolue continuellement. Nous changeons ensemble.

Chaque heureux propriétaire d'un chien rêve d'une vie idéale avec son compagnon. Remémorez- vous la première fois que vous avez ramené votre animal de compagnie à la maison. Qu'espériez-vous ? Chaque être est distinct et les rêves de chacun sont différents. Chaque animal est unique, même s'il provient de la même portée.

Chaque histoire entre l'animal et son propriétaire est singulière. Dans cet esprit, mon rêve est que ce livre vous donne maintenant les outils pour relever les défis que vous rencontrerez avec votre ami à quatre pattes, créer ce lien précieux et vivre cette belle synchronicité que vous avez toujours rêvée d'avoir avec votre animal de compagnie.

2

Vous Pouvez Guérir l'Anxiété de Votre Chien

Note spéciale de Tamara

J'ai écrit ce livre pour partager avec vous mes connaissances et mes expériences afin que vous puissiez en bénéficier en tant que patient avec votre animal et vous y référencer sur une base quotidienne. Il présente mon approche de chaque patient. Vous y découvrirez des histoires vraies, et aussi des conseils pour vous aider à trouver une solution pour pallier à l'anxiété de votre animal de compagnie, améliorer son comportement, et, par conséquent, approfondir avec lui le lien de votre relation.

Bien que je travaille avec des animaux professionnellement depuis plus de 20 ans, je ne suis pas vétérinaire et je ne diagnostique pas. Je crois fermement que nous connaissons mieux que quiconque nos animaux de compagnie. En raison de ce fait, mon but est de vous aider à trouver des moyens pour soulager l'anxiété de votre animal en vous procurant les outils pour être en mesure de prendre des décisions basées en lien avec sa personnalité.

Quatre-vingts pour cent de mes patients ont des questions sur l'anxiété de leur animal de compagnie. Chaque être humain est différent, il en va de même pour chaque animal. J'ai créé ce livre pour vous emmener à travers mon processus de pensée comme au cours d'une session , tout comme si vous veniez à moi en tant que client avec votre animal de compagnie, pour vous aider à analyser et à trouver le meilleur programme lui correspondant et vous apporter une compréhension générale des alternatives naturelles qui sont réellement sans effets indésirables pour lui.

Les animaux ne sont pas des humains, mais ils sont émotionnels. Les Pythagoriciens croyaient que ces derniers pouvaient, bien qu'ils ne parlaient pas, ressentir les mêmes émotions que nous. Les recherches actuelles des scientifiques fournissent des preuves convaincantes qu'au moins certains animaux ressentent probablement une gamme complète d'émotions, y compris la peur, la joie, le bonheur, la honte, l'embarras, la jalousie, la rage, la colère, l'amour, le plaisir, la compassion, le respect, le soulagement, le dégoût, la tristesse, le désespoir et le chagrin. J'y crois infiniment, mais ce n'est pas essentiel si vous y croyez ou non de votre côté. Si vous lisez ce livre, c'est parce que vous aimez votre animal de compagnie et c'est la raison pour laquelle en le parcourant que vous y recherchez des alternatives naturelles pour son bien-être.

Les animaux offrent un amour inconditionnel et une volonté d'être constamment joyeux, peu importe s'ils ressentent de la douleur. En conséquence, bien souvent, nous ne savons pas qu'ils souffrent jusqu'à ce qu'ils commencent à se manifester ou devenir anxieux.

Ce livre vous aidera à reconnaître les signes indiquant que votre animal de compagnie souffre d'anxiété (ou autre mal-être) avant qu'il ne commence véritablement à en subir des séquelles.

Les animaux sont dévoués à leur maître et les aiment plus que tout malgré que ceux-ci soient aimants ou non, violents ou non. Chaque chien a une relation différente avec son propriétaire et la relation diffère envers chaque personne qui vit dans la maison. Les chiens de garde ont une relation différente avec leur maître que celle que peut avoir un animal de compagnie domestique. Les petits chiens ont des limites différentes comparées à celles des plus grands chiens. Certains chiens dorment dehors, d'autres reçoivent des câlins, d'autres tout le contraire et quoiqu'il en soit, suivant la situation ils sont dévoués à leur maître. Ce livre vous aidera, selon votre approche par rapport à la réaction de votre chien, à faire face à ses changements soudains de comportement et à cerner ses craintes.

Ce livre comprend des histoires vraies sur les

différents stress émotionnels et détaille la collaboration entre le propriétaire de l'animal et moi-même pour résoudre le problème rencontré. Il vous apporte également des solutions pour soulager votre propre anxiété tout en traitant le problème de comportement de votre animal.

Il y a beaucoup de livres écrits pour vous aider à trouver l'équilibre et le bonheur, le retour à la joie, trouver votre paix intérieure, etc. Pour moi, penser à ma chienne me remplit instantanément de joie. La rejoindre par la pensée me procure de l'apaisement quand je suis malheureuse ou stressée. Cependant, par exemple, lorsque le stress provient de notre comportement envers les animaux ou si nous éprouvons quelque inquiétude face à l'état dans lequel nous allons trouver notre maison en rentrant d'une longue journée de travail ou autre, nos animaux ne sont plus dans ce cas des sources de pensées heureuses.

Ce livre a été écrit pour ouvrir votre cœur, vous aider vous et votre meilleur ami à devenir la pensée heureuse de l'un et de l'autre.

Merci d'aimer tant votre animal pour lire ce livre.

Tamara Shaw

3

COMMENT LES CHIENS MANIFESTENT-ILS DE L'ANXIÉTÉ

Les chiens adorent nous rendre heureux.

Zeus, un étonnant berger suisse blanc de 9 mois, est arrivé en consultation dans mon cabinet parce qu'il grandissait trop vite et que des problèmes d'articulations se greffaient à cette croissance rapide. Il était sur trois jambes et souffrait énormément. Cependant, malgré ses douleurs, il restait toujours enjoué et heureux. Après la séance, Zeus s'est allongé complètement détendu sur le lit et a dormi pendant que sa propriétaire et moi-même échangions sur ses habitudes de vie et ce qui semblait important pour lui.

La propriétaire me confia qu'un événement avait bouleversé la cellule familiale et que celui-ci avait eu de lourdes répercussions sur sa propre santé engendrant des problèmes physiques si importants qu'elle dut prendre un arrêt maladie interrompant son travail. Elle se mit à pleurer. Aussitôt, Zeus leva la tête. J'observais la scène et étudiais le comportement du chien face à la détresse de sa maîtresse. Il me regarda avec un regard inquiet pendant que je consolais la personne en la rassurant. Je me rendis compte que c'était une situation récurrente. Et, deux secondes plus tard, son téléphone sonna. Elle paniqua et fouilla dans son sac à main frénétiquement. Zeus se précipita alors sur son côté pour prendre soin d'elle, encore une fois sur ses trois jambes. Tout en pleurant, elle sourit et le caressa. Puis elle me regarda et me dit : « J'aime les animaux plus que les gens ».

À neuf mois, et en présence de deux autres chiens dans la maison, Zeus avait déjà développé un lien particulier avec sa maîtresse et veillait sur elle en souhaitant la rendre heureuse et cela même à ses dépens. C'est l'instinct naturel de survie d'un chien de cacher toute faiblesse. Nous avons tous entendu l'adage: Seuls les forts survivent » ! Par conséquent, nos animaux de compagnie peuvent avoir de l'anxiété et nous sommes loin de nous en apercevoir et de nous en douter en raison de leur volonté de se sacrifier pour notre amour et notre affection.

Comment s'apercevoir lorsque nos chiens ressentent de l'anxiété ?

Comme les êtres humains, chaque animal est différent, mais il y a certains points à connaître qui peuvent aider à déterminer si votre animal est anxieux. Chaque race a sa façon particulière de communiquer. La personnalité d'un Jack Russell Terrier est différente de celle d'un Shih Tzu. Seulement, même en le sachant, chaque animal a une histoire unique à raconter. Comment votre animal communique-t-il avec vous ? Les questions suivantes vous aideront à comprendre comment bien cerner la personnalité individuelle de votre chien. Je vous recommande de noter sur un papier vos réponses face à ces questions car vous pourrez vous y référer dans les prochains chapitres pour trouver le remède qui conviendra pour aider votre chien.

❖ Quand votre animal est heureux, comment s'exprime-t-il ?

❖ Y a-t-il un moment en particulier où il aime être touché et d'autres non ?

❖ Est-ce qu'il préfère s'asseoir sur vos genoux ou à côté de vous ?

❖ Veut-il rester à la maison avec vous ou préfère-t-il être dehors ?

❖ Y a-t-il d'autres animaux de compagnie dans la maison ? S'entendent-ils bien ?

❖ Vivez-vous dans une maison ou dans un appartement ?

- ❖ Votre animal a-t-il besoin de faire beaucoup d'exercice ?

- ❖ Est-ce qu'il vous regarde dans les yeux ?

- ❖ Est-ce qu'en aboyant, il essaye de "parler"pour attirer votre attention ? Si oui, y arrive-t-il ?

- ❖ Est-il insistant ou docile ?

- ❖ Est-ce qu'il s'entend bien avec d'autres chiens ?

- ❖ Est-ce qu'il s'entend bien avec d'autres personnes ?

- ❖ S'entend-il bien avec les enfants ?

- ❖ Comment fixe-t-il ses limites ? Morsures ? Grognement ? Isolement ?

- ❖ Votre animal de compagnie est-il dans ses deux premières années de vie ?

- ❖ A-t-il l'âge adulte ?

- ❖ Est-il encore plus âgé ?

- ❖ Est-ce que votre animal gémit ou pleure ?

Il est naturel que nos animaux changent au fur et à mesure que nous changeons. Notre relation avec eux mûrit à mesure que nos animaux de compagnie évoluent. Répondre aux questions ci-dessus peut vous aider à comprendre votre animal de compagnie pendant tous les changements et les défis que vous aurez à surmonter ensemble. Les questions suivantes vous aideront à savoir si votre chien a de l'anxiété et/ou à confirmer vos possibles suspicions sur l'état de votre chien.

Le comportement de votre animal a-t-il changé récemment ?

❖ Se cache-t-il ?

❖ Aboie-t-il plus souvent ?

❖ Il mord ?

❖ Il pleure ?

❖ Il évite d'être touché ?

❖ Il ne veut plus jouer ?

❖ Évite-t-il certaines activités ?

❖ Agit-il en mâchant des choses, en détruisant des choses ou en marquant son territoire ?

❖ A-t-il des réactions physiques comme des vomissements, de la diarrhée ou d'autres problèmes ?

Si vous avez répondu oui à l'une des questions, votre chien essaie de communiquer avec vous. Si votre boule de poil agit de l'une de ces manières et que son comportement a changé, votre chien peut souffrir émotionnellement ou physiquement.

4

QUELLE EST L'HORLOGE INTERNE DE VOTRE CHIEN ?

« C'est la vie d'un chien ! »

Considérons la vie d'un chien pour un moment. Ce sont des êtres vivants qui ont été domestiqués et qui comptent sur nous pour survivre. Nous les nourrissons et nous prenons soin d'eux. Pour certains, cela peut sembler être un fardeau parce que c'est juste une autre corvée ou responsabilité rajoutée à une longue journée de travail. L'animal de compagnie de la famille peut aussi devenir alors votre animal de compagnie parce que les enfants en ont perdu l'intérêt. Il devient alors en priorité source d'une dépense de frais mensuels. Cependant, sans vous, votre animal ne peut survivre. Lorsque vous quittez la maison le matin, votre animal de compagnie y est enfermé ignorant si vous allez vraiment revenir.

Les animaux ne sont pas humains et ne peuvent pas traiter plusieurs émotions à la fois.

Une fois que le temps passe, l'horloge interne d'un chien est complètement réglée en fonction du maître : c'est l'heure du dîner ; c'est l'heure de la promenade ; c'est l'heure de dormir. Et avec le temps, les animaux de compagnie s'habituent au fait que c'est vous qui décidez. Une routine régulière va alors apaiser l'anxiété d'un chiot et régler l'horloge interne de votre chien.

Imaginez un instant que lorsque vous quittez la maison, votre animal croit que vous partez pour toujours. Certains experts dans l'évaluation comportementale des chiens estiment que c'est exact. Je ne sais pas si c'est vrai ou non, mais cela pourrait certainement expliquer le fait que les chiens sont si heureux de nous voir quand nous rentrons à la maison. Ma chienne est jeune. Chaque fois que je quitte la chambre, elle est heureuse quand je reviens. C'est comme si elle s'inquiétait depuis des décennies alors que je ne me suis absentée que 10 petites minutes. Je ne sais pas si je veux qu'elle perde son enthousiasme ou bien même son euphorie pour moi, néanmoins son bonheur est contagieux au point que cela puisse devenir une explosion de joie rien que dans le plaisir de se retrouver. Cependant, je me rends compte qu'une routine l'aidera à se détendre dans sa vie afin de se sentir moins stressée. Plus le temps passe, plus elle devient assurée vis-à-vis d'elle-même pour réguler son horloge interne.

Les chiens ne sont pas des humains et ne peuvent pas

traiter plusieurs émotions à la fois. Mais nous pouvons avoir la certitude qu'ils aiment nous rendre heureux. Avoir un lien privilégié et fort avec votre animal de compagnie de manière accrue peut soulager son stress actuel et futur. Mais malgré tout, la vie est remplie de surprises et nous ne pouvons pas contrôler tous les événements qui causeront de l'anxiété dans notre vie et de ce fait, par là-même, dans celle de votre animal de compagnie.

5

POURQUOI LES CHIENS ONT-ILS SOUDAINEMENT DE L'ANXIÉTÉ ?

Attendez-vous à l'inattendu !

Il existe plusieurs raisons pour lesquelles les chiens éprouvent de l'anxiété. Mais en 20 ans d'expérience avec les animaux sur le plan professionnel, j'ai pu remarquer que les raisons étaient principalement provoquées par : un changement de mode de vie, un changement dans la nourriture, de la douleur, une maladie ou le stress du propriétaire.

Un changement de mode de vie peut signifier beaucoup de choses différentes et peut inclure l'un des éléments suivants :

❖ Déménagement dans une nouvelle maison ;

❖ Changement à l'intérieur de la maison ;

❖ Séparation ou divorce ;

❖ Grossesse ou nouveaux nés ;

❖ Présence de visiteurs ;

❖ Arrivée de nouveaux animaux de compagnie ;

❖ Décès ou départ d'une personne ou d'un autre animal de compagnie proche;

❖ Changement dans les aliments ou mauvaise nutrition;

❖ Manifestation de douleurs physiques.

Comme mentionné précédemment, les chiens aiment la routine. Tout changement dans la routine quotidienne peut causer de l'anxiété. Cela ne signifie pas que si vous décidez de peindre votre salon d'une couleur différente, votre chien va avoir de l'anxiété. Cela signifie que certains animaux pourront accorder une plus grande importance à ce changement alors que pour d'autres ce dernier n'aura aucune incidence sur leur comportement. Souvent, ce facteur est déterminant par le fait que vous éprouvez vous-même oui ou non de l'anxiété, selon que vous soyez heureux ou anxieux, ce sentiment interagira sur le processus de comportement lors de tout changement éventuel.

J'ai inclus à la fin de ce livre des réflexions qui vous éclaireront et des méditations que vous pourrez faire pour aider à traverser les grands changements qui se passeront dans votre vie. Ces dernières vous permettront aussi à mieux communiquer avec votre animal de compagnie et à partager avec lui des moments de communion profonde et ainsi soulager l'anxiété réciproque.

6

NUTRITION – COMMENT CHOISIR CE QUI CORRESPOND LE MIEUX À SON CHIEN ?

Nous sommes ce que nous mangeons ?

Le changement de la nourriture est un autre stimulateur de l'anxiété. En tant que maîtres, nous voulons faire de notre mieux pour nos animaux et nous comptons sur les professionnels pour nous dire ce qui est bon et ce qui n'est pas bon. Cette décision peut être la décision la plus difficile pour tous les maîtres. Les experts en nourriture pour chiens font toujours des recherches sur ce qui est le mieux pour nos animaux de compagnie bien-aimés. Ensuite, nous voyons un chien qui ressemble au nôtre à la télévision et nous pensons que cette nourriture sera la meilleure pour notre chien. Comme nous en apprenons plus, sur ce qui est bon pour notre corps, nous supposons que la même chose est vraie pour les animaux. Ce n'est pas le cas. Comment décider de ce qui est le mieux pour votre chien ?

Les chiens ont une constitution génétique différente de la nôtre et sont sensibles à des choses auxquelles nous ne sommes pas. Certains aliments peuvent rendre l' animal plus stressé.

En tant que spécialiste dans les tissus souples, je peux dire quand, il y a un déséquilibre dans le corps de mes patients, par la texture de leurs muscles. Quand je touche l'animal, il y a une sensation différente dans le tissu musculaire. Si le chien a mangé des aliments qui sont principalement des céréales, avec beaucoup de maïs cela va changer la sensation dans ses muscles.

Il est important de savoir qu'aujourd'hui les recherches ont évolué. Les vétérinaires guérissent maintenant leurs patients en travaillant sur leur alimentation. D'autres continuent d'utiliser des méthodes traditionnelles et comptent sur ce qui leur est donné par les fabricants d'aliments pour maintenir leur chien en bonne santé.

Tout ce qui est lié à l'alimentation pour notre chien est générateur de doute et peut nous conduire vers un sentiment d'incertitude quant à son bien-être.

Donc, en règle générale, pour garder les choses simples et pour s'assurer que votre animal de compagnie ne mange pas quelque chose qui peut le rendre plus stressé, assurez-vous que les trois à quatre premiers ingrédients de la nourriture de votre chien sont de la viande. Si votre chien n'est pas athlétique, assurez-vous qu'il n'y a pas de maïs dans la nourriture. S'il y a du maïs dans l'aliment, assurez-vous qu'il soit à la fin de la liste des ingrédients. Et enfin, si vous décidez de donner de la nourriture sans céréales, assurez-vous que les aliments n'ont pas de conservateur ou d'OGM et que la cuisson se fasse à basse température. Le but est de garder votre animal en parfaite santé aussi longtemps que possible.

Regardez les trois à quatre premiers ingrédients.

Pas de conservateurs ou d'OGM.

Que se passe-t-il s'il y a un déséquilibre dans le corps causé par la nutrition?

Un déséquilibre dans le corps, causé par la nourriture, peut donner à votre chien un besoin de mâcher et déchiqueter des objets. Il se peut alors que des animaux deviennent alors hyperactifs et ne peuvent canaliser leur énergie. D'autres deviennent obèses et malades, excités ou paresseux. Votre chien va commencer à rencontrer des problèmes spécifiques plus particulièrement en lien avec sa race comme des allergies, des problèmes cardiaques, des luxations, dysplasie, entorses, tendinite,... etc. Chaque race est prédisposée à rencontrer certains maux et problèmes quand ils vieillissent. Mais l'animal va aussi commencer à générer des problèmes lorsque son corps est déséquilibré. Et quand il ne se sent pas bien, il est naturel pour lui de se sentir anxieux parce qu'il se sent vulnérable.

Vérifiez toujours auprès de votre vétérinaire si la nourriture convient à votre animal de compagnie.

Assurez-vous qu'elle ne présente pas des composants qui pourraient avoir une incidence néfaste sur une pathologie dont souffre votre animal ou tout simplement qui agirait négativement sur la physiologie de la race.

Si vous optez pour un changement de nourriture, il faut attendre une période d'un mois minimum avant de constater un réel changement dans le comportement de votre animal.

Maintenant que vous avez vérifié les ingrédients et apporté les changements nécessaires à l'alimentation de votre animal de compagnie, le prochain chapitre vous aidera à comprendre si son anxiété est due à un sentiment de vulnérabilité engendré la douleur.

7

COMMENT PUIS-JE SAVOIR SI MON CHIEN RESSENT DE LA DOULEUR ?

La douleur est l'une des principales causes d'un changement récent dans le comportement de votre animal et elle peut contribuer à accroître fortement le taux d'anxiété de votre chien.

Si son comportement a changé soudainement et que des signes non habituels se manifestent, la première chose à faire est de consulter votre vétérinaire pour vous assurer que votre animal est en parfaite santé. C'est important parce que si c'est lié à sa santé, vous économiserez du temps dans la pose d'un diagnostic mais aussi de l'argent dépensé lors de consultations chez d'autres spécialistes éventuels du comportement ou autres sur du long terme. Et ainsi, une fois que l'on aura fait le point sur l'état médical du chien, on pourra dresser un bilan, en procédant par éliminations dans l'évaluation des problèmes suspectés, et cette aide sera précieuse pour le spécialiste que vous rencontrerez par la suite.

Mon but en tant que praticien de soins alternatifs n'est pas de traiter le symptôme, mais d'arriver à la racine du problème afin que l'animal soit guéri. Certains des problèmes de santé qui peuvent causer de l'anxiété sont les allergies, la douleur physique, des problèmes internes ou des maladies. Voici quelques exemples de manifestations, d'états dans lesquels votre chien peut se trouver ou comportements divers qui peuvent suggérer que votre chien peut éprouver de la douleur.

- ❖ Léchage excessif ou mastication (mordre son côté, se mordre les pattes).

- ❖ Un chien souffrant de maux de dos peut grogner, peut devenir un chien destructeur et même mordre une personne qui le caresse ou le touche tout simplement.

- ❖ D'autres chiens souffrant de douleurs physiques se cachent ou cessent de manger.

- ❖ Certains chiens peuvent avoir une diarrhée émotionnelle ou avoir la diarrhée due à une maladie.

- ❖ Les chiens qui se remettent d'une chirurgie sont plus stressés parce qu'ils sont plus fragiles après l'opération.

- ❖ Le chien fait un mouvement de la tête particulier lorsqu'il boîte lors de la marche, quand il trotte ou court au petit galop.

❖ Le chien tourne la tête seulement d'un côté

❖ Le chien refuse de sauter ou de descendre du canapé.

❖ Le chien ne bouge pas.

❖ Le chien a des tremblements anormaux et inhabituels.

Si le comportement de votre animal fait référence à l'une des manifestations citées ci-dessus, il est important de consulter votre vétérinaire. Vérifiez aussi avant tout, si des changements sont intervenus récemment et ont provoqué des perturbations dans la routine instaurée avec votre chien. Face à une douleur physique ou psychologique, l'animal va déclencher des mécanismes d'instincts naturels de lutte pour sa survie et l'on peut assister à des agissements tels que la fuite ou l'agressivité. La souffrance provoque du stress . La gestion du stress diffère selon la race de l'animal, de son mode de vie et de son seuil de capacité à le maîtriser.

Cependant, certains animaux peuvent éprouver de l'anxiété en raison de craintes émotionnelles. Les plus courantes rencontrées sont les suivantes :

❖ Peur des tempêtes

❖ Peur du sexe opposé

- ❖ Peur de voyager

- ❖ Peur de l'inconnu

- ❖ Peur d'être laissé seul

- ❖ Excitation sexuelle

- ❖ Peur d'être touché

Chacune de ces craintes sera évoquée dans les prochains chapitres. Mais d'abord parlons des différentes thérapies naturelles disponibles et comment les utiliser.

8

LES DIFFÉRENTES THÉRAPIES NATURELLES DISPONIBLES ET LEURS PROCÉDÉS D'UTILISATION

Ce chapitre va vous permettre de comprendre les modalités holistiques qui sont disponibles et que j'ai utilisées avec plus de 2000 animaux pour aider à pallier à l'anxiété. Je ne vais pas m'attarder sur les spécificités scientifiques qui expliquent le fonctionnement de chaque modalité. Toutes les modalités énumérées ont de nombreux avantages, cependant, notre accent est mis sur la façon dont ces dernières luttent pour limiter ou évacuer l'anxiété.

Acupuncture/Acupressure

J'aime, j'aime, j'aime l'acupuncture et l'acupression bien qu'il puisse être difficile de trouver un praticien qui pratique cette thérapie. L'acupuncture n'est autorisée que par les vétérinaires ou les acupuncteurs professionnels, ce n'est donc pas quelque chose que vous pouvez faire à la maison. Cependant, il existe de nombreux cours en ligne sur l'acupression qui peuvent être utiles.

Cette médecine énergétique est fondée sur le fait que notre corps et le corps de notre chien sont une matrice de méridiens énergétiques. Lorsque des points de stress sont trouvés sur certains méridiens, il peut indiquer qu'il y a un déficit immunitaire, carence ou un déséquilibre dans le corps. Ces déséquilibres peuvent provenir d'attaques extérieures comme les accidents et les virus, ou de dérèglements internes liés à des contaminations avec des parasites, par exemple. Lorsqu'un animal est stressé, le yin/yang est déséquilibré. L'acupuncture peut aider à rétablir l'équilibre dans le corps.

Il est possible de stimuler toutes les lignes méridiennes dans le corps de votre animal avec cette technique toute simple qui est de serrer doucement le bout des oreilles de votre chien ou ses pieds. A NOTER: Les chiens n'aiment généralement pas qu'on touche leurs oreilles et leurs pieds car ils peuvent le ressentir comme un signe de domination et donc devenir agressifs. Procédez d'une façon douce et, si votre chien n'apprécie pas ce geste, n'insistez pas..

De toute façon, votre animal vous fera savoir s'il l'apprécie ou non. En cas de refus, votre chien l'exprimera par un regard, un grognement ou tout simplement s'éloignera. Soyez à l'écoute de votre chien et ne persistez pas dans ce sens si cet acte lui déplaît.

Aromathérapie

L'inhalation d'huiles essentielles stimule le système olfactif et la partie du cerveau reliée à l'odorat. Les molécules qui pénètrent dans le nez ou la bouche passent dans les poumons, puis de là à d'autres parties du corps. Lorsque les molécules atteignent le cerveau, elles affectent le système limbique (cerveau émotionnel), qui est lié aux émotions, à la fréquence cardiaque, à la pression artérielle, à la respiration, à la mémoire, au stress et à l'équilibre hormonal. L'aromathérapie peut être émise par un diffuseur ou agir en mettant quelques gouttes sur les pattes avant de votre chien.

Remarque : N'utilisez pas d'huiles essentielles avec les chats.

Massage

Personnellement, je pense que c'est l'une des thérapies fondamentales pour aider les animaux à libérer le stress. Vous pouvez apprendre vous-même à faire des massages canins ou vous dirigez vers un professionnel et cette modalité sera un atout énorme.

Le massage de base effectué par vos soins sur votre chien est des plus bénéfiques pour vous et votre animal de compagnie. Les bienfaits du massage sont infinis! Vous pouvez trouver à votre disposition de nombreux cours en ligne et en présentiel qui permettent l'enseignement du massage de base sur les chiens comme l'effleurage doux et les techniques qui y sont appropriées et bénéfiques.

Je propose et je partage également ces cours en petits groupes, privés et en ligne. J'aime enseigner ces méthodes et c'est un réel plaisir pour moi d'admirer la prise de confiance qui s'opère dans ce massage entre l'animal et son maître et le lien profond qui les unit. Mais si vous ne souhaitez pas pratiquer par vous-même le massage vous avez toujours la possibilité de vous tourner vers un professionnel.

Je voudrais vous souligner l'importance du massage... Passer du temps à caresser, frotter le ventre de votre animal ou faire courir vos doigts sur le dos de votre chien, en soi, est inestimable. C'est gratuit ! Vous pouvez le faire selon vos horaires. Juste le simple fait de passer du temps ensemble avec votre chien va approfondir votre lien. Cependant, le fait de toucher simplement votre chien et de le câliner soulagera son anxiété et son stress. Si votre animal appréhende le contact physique, d'autres solutions alternatives existent.

Si votre animal n'aime pas être touché, ce n'est pas strictement négatif, il y a d'autres solutions. Cependant, si vous souhaitez essayer de développer une relation plus étroite avec votre animal de compagnie, c'est un point sur lequel vous pouvez travailler. Ma chienne Abbie est un berger australien. C'est une belle, un peu timide et qui exprime sa joie comme un feu d'artifice qui explose dans tous les sens! Difficile parfois de canaliser cette énergie débordante. Au début, elle aimait s'asseoir à côté de moi, mais elle ne voulait pas être touchée. Pour l'aider à être plus calme, et pour soulager son anxiété, j'ai dû travailler ses craintes à travers le massage. J'ai commencé par la toucher sous son menton et à la câliner rapidement de manière fréquente, c'est-à-dire une fois par jour. À partir de mouvements lents et en prenant mon temps, nous sommes ensuite passées aux frottements du ventre. Ainsi au fur et à mesure, c'est elle qui m'a réclamé un massage.

Le massage aidera également votre chien à se sentir plus à l'aise lorsqu'il se rendra chez le vétérinaire. Un chien qui est habitué à être touché permettra de faciliter le travail du vétérinaire qui pourra plus aisément manipuler votre chien. Par conséquent, ces massages soulageront et apaiseront le stress, source d'anxiété chez votre chien lors des rendez-vous chez le vétérinaire, pour les examens périodiques ou en urgence.Thérapie donc fortement recommandée !

Essences de Fleurs

Les essences des fleurs font des merveilles en aidant à libérer le traumatisme émotionnel. Il existe des essences spécifiques propres à chaque traumatisme. Parfois, travailler sur un traumatisme émotionnel implique d'aider l'animal à faire la transition vers le haut de l'échelle émotionnelle. Par exemple, si votre chien a peur d'être maltraité, les essences de fleurs peuvent l'aider à guérir le sentiment d'impuissance concerné dans la violence qu'il a pu subir et dans ce manque d'amour qu'il a vécu. Après avoir soigné ces émotions précitées, nous pouvons changer l'essence de la fleur et choisir celle qui correspond pour libérer le sentiment d'abandon et de confusion et puis enfin, ajouter une essence de fleurs pour lui insuffler le courage. La prescription de ces essences est très spécifique à chaque animal et sera administrée en fonction des blocages émotionnels ou déficits de votre animal de compagnie.

Les essences de fleurs peuvent être données directement dans la bouche, la nourriture ou l'eau de votre chien. Elles peuvent être pulvérisées dans l'air ou frottées sur les pattes ou la fourrure de votre chien. Certaines personnes les mettent sur le chakra du cœur de leur chien (sur sa poitrine pendant un massage du ventre).

Il existe maintenant des essences de fleurs créées sans alcool et adaptées pour les chiens et les enfants.

Gemmotherapie et Elixirs de Cristaux

La gemmothérapie peut inclure des essences de cristaux qui sont semblables aux essences de fleurs et peuvent être utilisées de la même manière. Comme les fleurs, les cristaux ont des propriétés curatives. Le quartz rose dans la chambre d'un bébé l' aidera à mieux dormir.

Je sais que cela peut sembler fou, mais les cristaux portent différentes vibrations énergétiques. Les vibrations dans les pierres travaillent pour libérer les blocages émotionnels et aident donc dans la guérison.

Certains chiens mordillent des pierres. Si votre chien est enclin à mordiller des pierres, en disposer autour de la maison n'est pas la solution à retenir pour aider à guérir l'anxiété de vos animaux de compagnie. En outre, il est important de trouver des essences de cristaux qui seront adaptées à votre animal.

Homéopathie

L'homéopathie est une médecine holistique testé sur les humains qui fait des merveilles sur les animaux !

L'homéopathie fonctionne sur le principe de la similitude mais son application prend en compte la totalité et l'individualité de l'expérience humaine. "Elle repose sur le principe que ce qui déclenche une maladie peut aussi aider à la soigner et à la prévenir, c'est-à -dire qu'une substance qui provoque un symptôme peut être utilisée pour traiter le même symptôme de la maladie."

Par exemple, Nux Vomica, à la base est le fruit d'un arbre à feuillage persistant originaire de l'Asie du Sud-Est, de la famille des Loganiacées. De son fruit est extraite la strychnine qui est un poison. Cette substance à l'état pur provoque reflux acide, hallucinations, diarrhée, frissons, problèmes hépatiques, anxiété et à forte dose des paralysies, des convulsions et peut même s'avérer mortelle. Les souches homéopathiques proviennent du règne animal, minéral ou organique. Les préparations homéopathiques reposent sur la dilution et la dynamisation de ces souches. Les médicaments homéopathiques préparés à partir de ces souches constituent les principes actifs du traitement et par leur énergie, ils vont soigner les symptômes des maladies en rééquilibrant l'organisme en profondeur et en renforçant son immunité afin qu'il retrouve son équilibre initial.

Un vaccin contre la grippe fonctionne de la même façon. Une injection du vaccin de la grippe aidera notre corps à construire une immunité. C'est la même chose avec l'homéopathie. Lorsque nous prenons un remède homéopathique, nous prenons un remède qui donnera à notre corps la force de lutter contre le problème.

C'est simple à utiliser. Vous pouvez diluer les granules dans l'eau ou les mettre directement dans la bouche.

Pour le stress et l'anxiété, il y a des remèdes spécifiques qui font des merveilles avec les animaux de compagnie, en fait pour tous les animaux !

Phytothérapie

La phytothérapie est le traitement des conditions médicales utilisant des plantes, ou des substances faites à partir de plantes comme les suppléments, les huiles essentielles, et les herbes chinoises, etc. Vérifiez toujours auprès de votre vétérinaire et spécialiste que l'herbe ou l'huile essentielle est autorisée pour votre animal de compagnie (voie orale, voie respiratoire, voie cutanée…).

Beaucoup d'herbes sont toxiques pour les chiens. Attention aux interactions avec certains traitements. Certaines plantes comme l'harpagophytum idéale pour l'inflammation articulaire ou le millepertuis préconisé pour d'autres pathologies empêcheront d'autres médicaments de fonctionner. Par exemple, si votre chien est sous médication cardiaque, l'harpagophytum est contre-indiqué pour le traitement articulaire dans ce cas.

Les herbes et plantes aromatiques fraîches sont des atouts précieux dans le traitement des animaux et agissent avec succès sur les oiseaux, les lapins, les chèvres et les vaches.

Avec les chiens, je privilégie les huiles essentielles par voie topique (au niveau de la peau).

Si vous en appliquez un peu sur leurs pattes avant, ils vont lécher l'huile et la sentir. Cela agira comme aromathérapie mais aussi par voie interne par ingestion. Assurez-vous toujours cependant que votre huile essentielle est certifiée par votre vétérinaire et de bonne qualité, parce que les chiens sont différents des humains et que certaines huiles essentielles peuvent avoir des effets néfastes sur les chiens. Ces huiles doivent donc être adaptées à la problématique rencontrée par votre animal.

En exemple, les principaux composants du cannabis (Cannabidiol CBD et Tétrahydrocannabinol THC) ont des effets opposés. L'huile de cannabidiol CBD ou huile de chanvre profite d'un élan d'intérêt et a des propriétés efficaces pour atténuer la douleur et devient un incontournable pour l'apaisement, la détente, la relaxation musculaire pour votre animal. Cependant, le tetrahydrocannabinol THC, l'un des composants du cannabis est nocif pour les animaux. Il faut donc être vigilant concernant les variétés et types de chanvre choisis selon les niveaux de THC plus ou moins élevés qu'ils contiennent. De plus, l'utilisation prolongée du cannabis peut entraîner des effets secondaires tels le reflux gastro-oesophagien, les vomissements et des problèmes d'estomac.

Si vous combinez homéopathie et huiles essentielles, il est nécessaire de donner l'homéopathie une heure avant de mettre les huiles essentielles.

Toujours faire preuve de précautions quant à l'utilisation des huiles essentielles. Pas d'automédication. Se référer à l'avis d'un professionnel de la santé animale avant toute chose (vétérinaire, aromathérapeute, naturopathe, ostéopathe…)

Et encore une fois, faites preuve de vigilance, les huiles essentielles sont particulièrement toxiques chez le chat.

Reiki – Guérison Energétique

La pratique ancienne d'imposition des mains d'origine japonaise, nommée Reiki, a des effets hautement bénéfiques sur les animaux. Dès que je commence à faire du Reiki, à chaque fois, l'animal, qu'il s'agisse de chien, de chat, de chèvre, de cheval ou de vache, se retourne à mon appel et regarde mes mains. Pour les animaux qui n'aiment pas être touchés, le Reiki est extrêmement bénéfique. Cette méthode de soins, comme le massage, est une pratique que vous pouvez adopter pour aider votre animal de compagnie en tout lieu, que vous soyez en sa présence ou même à distance. Le Reiki soulage le stress, la douleur et aide les animaux à guérir plus rapidement. Son apprentissage est à la portée de tous. Plus vous pratiquez le Reiki, plus votre vie deviendra moins stressante. Si vous éprouvez vous-même de l'anxiété, il vous aidera à la surmonter, parce que lorsque vous donnez du Reiki, vous en recevez en retour également.

Je recommande de suivre le stage de premier degré de Reiki (Reiki I) avec le symbole de puissance qui correspond. L'idéal est de suivre les stages de Reiki I et II . De nombreux praticiens Reiki peuvent vous enseigner cette technique entièrement naturelle et vous la transmettre par un processus d' initiation. Dès que vous vous serez penchés sur cette méthode de soins, vous serez étonnés de la multitude d'enseignants et de praticiens Reiki qui exercent autour de vous. Si vous choisissez d'y être initié, le Reiki vous apportera de l'harmonie et du bien-être dans la vie quotidienne et changera votre vie.

Vêtements

Il existe sur le marché différents types de vêtements

ou de colliers qui sont conçus pour aider votre animal de compagnie à se sentir en sécurité : chemises ou bandages qui aident à réduire l'anxiété pendant les orages, les tempêtes ; colliers qui ont des parfums différents qui aident à l'apaisement et à la sérénité. De nombreuses personnes témoignent des effets positifs du port de ces vêtements ou colliers et du succès de la combinaison avec d'autres médecines alternatives dans le phénomène de guérison.

Thérapie par le Son

La thérapie par le son est efficace pour calmer le système nerveux pendant des crises d'anxiété. Chercher la quinte parfaite (le "C" et "G"). Vous pouvez trouver sur internet des musiques que correspondront au mieux aux besoins de votre chien.

***

Je suis certaine qu'il existe d'autres soins naturels disponibles, cependant, les thérapies énumérées ci-dessus sont celles que j'ai utilisées au cours des 20 dernières années.

9

Peur des Tempêtes

Un jour, le plus beau Mastiff français est venu en consultation. Cette magnifique chienne de deux ans, nommée Béatrice, avait des antécédents de peur des tempêtes. Elle était à jour sur toutes ses vaccinations et était stérilisée. De temps en temps, elle boitait. La propriétaire m'indiquait qu'elle était très inquiète lorsqu'elle la ramenait chez elle parce qu'elle était très destructrice. C'était une situation compliquée et tellement triste pour tous. La "chérie géante" est arrivée tête basse, en boitant juste un peu de l'arrière-train droit. Sur le plan énergétique, elle paraissait totalement épuisée.

Curieuse, la grande chienne s'est précipitée vers moi. Je suis toujours époustouflée par la taille d'un mastiff bull.

Sa tête était plus grosse que la mienne, je ne bougeais pas mais je lui laissais le temps de me découvrir et de connaître mes intentions.

Alors que sa maîtresse continuait à expliquer les moments difficiles qu'elle traversait avec Béatrice et à quel point elle en était bouleversée, la chienne est devenue de plus en plus triste.

En tant que propriétaires, nous ne réalisons pas à quel point nos animaux de compagnie sont profondément liés à nos sentiments. Les chiens ne peuvent pas comprendre nos mots, mais ils ressentent nos émotions. Alors que la propriétaire poursuivait ses explications en décrivant tout ce qu'elle vivait et qu'elle me partageait ses sentiments, ma patiente Béatrice est devenue encore plus triste.

Je ne dis pas que nous devons cacher nos émotions. Il est important de nous exprimer afin que nous puissions découvrir comment nous pouvons au mieux travailler ensemble pour trouver la meilleure solution pour tous. Et partager ce que nous ressentons fait partie du processus de guérison.

J'ai essayé d'éclaircir le sujet. A chaque affirmation positive que je transmettais au propriétaire, je rencontrais une réponse négative. Mais malgré tout, le propriétaire a commencé à se sentir mieux et la tension émotionnelle dans la pièce s'est atténuée.

Parfois, si le propriétaire rencontre des difficultés à être optimiste, plus le problème persiste dans le temps. De plus, si ce dernier est enfoui profondément, le blocage sera d'autant plus important à résoudre et la résistance émotionnelle sera également plus compliquée à reconstruire et la guérison plus lente. On essaiera de mettre en place des solutions pour gérer la situation différemment dans ce cas et en fonction de la mesure de résistance émotionnelle, des méthodes et des remèdes seront créés pour aider votre animal et développer son bien-être.

La capacité de résistance émotionnelle déterminera la vitesse de rétablissement de l'animal.

Je ne suis pas psychologue et je ne juge aucunement les propriétaires.

J'analyse simplement la vibration énergétique entre le propriétaire et son animal de compagnie bien-aimé. Le taux vibratoire influe sur la guérison et influence les conseils prodigués par votre chien.

Avec un cœur ouvert et aimant, j'ai continué à écouter Mélanie, la propriétaire de Béatrice.

Et dans cette confusion de sentiments, dans cette souffrance exprimée ressortait avant tout l'amour que ressentait la propriétaire pour sa boule de poils géante. Il en est ainsi très souvent avec la majorité des propriétaires que j'ai pu rencontrer.

Tout en écoutant son récit, je commence à envoyer du Reiki, une énergie de guérison à la fois à mon patient et à son maître.

Mélanie a expliqué que pendant les orages, elle était toujours aux côtés de Béatrice mais même dans ce cas, Béatrice avait peur et se cachait. J'ai plaisanté pour détendre l'atmosphère, j'ai mimé la peur de l'orage et je me suis cachée comme Béatrice pouvait le faire. Nous avons toutes les deux ri et j'ai continué à envoyer de l'énergie de guérison. Mélanie, un peu plus détendue maintenant me faisait part de son incompréhension, face à la peur démesurée de Béatrice, au vu de la taille de sa chienne et de la notoriété de cette race de chien, connue pour son grand courage.

Avec le changement qui s'opérait dans le cœur de sa maîtresse, Béatrice montrant beaucoup de compréhension a voulu réconforter Mélanie, elle a quitté mon côté et s'est rendue près de sa maîtresse pour lui apporter du réconfort.

Puis Béatrice est revenue vers moi. J'ai rassuré Béatrice par une caresse affectueuse.

Mélanie avait eu un autre Mastiff français et il n'avait jamais eu ce problème. Je lui ai expliqué que, comme chez les humains, chaque chien est différent.

Je lui ai demandé de décrire sa maison et sa routine quotidienne. Elle a hésité, appréhendant peut-être que je puisse porter un jugement sur sa façon de vivre car ici nous étions dans un endroit calme avec de la musique zen.

Mélanie aimait lire, peindre, regarder la télévision, parler à ses amis et à sa famille. Je lui ai demandé si Béatrice dormait bien. Elle a plaisanté, oui parfaitement, mais moi, non !

Je le notais !

Tout le monde gère le stress différemment. Et ce que j'ai découvert en écoutant cette personne, c'est que c'était une femme très douce qui avait vécu des moments difficiles et de stress entre autres pendant son accouchement. Elle voulait se rassurer et se sentir en sécurité avec son animal de compagnie mais sa chienne avait peur des tempêtes mais ressentait aussi l' anxiété de sa maîtresse et c'était lourd à porter pour la grande Mastiff.

Je l'ai interrogée sur le comportement de Béatrice pendant les balades à l'extérieur, pouvait-elle l'emmener se promener sans problème ?

J'ai vu qu'une lumière s'est éteinte dans ses yeux comme si elle établissait une connexion. Elle me répondit : "Béatrice essaie de s'enfuir s'il y a un gros bruit. Je travaille avec un éducateur pour que cela cesse car je suis tombée et me suis tordue la cheville droite lorsqu'elle a essayé de s'enfuir dernièrement."

J'ai continué pendant notre échange à travailler sur Béatrice, qui était maintenant allongée sur le côté, me laissant intervenir sur sa jambe arrière droite où je constatais que sa cheville n'était pas à sa place.

- "Vous souvenez-vous de la première fois où elle a agi de cette façon et qu'elle s'est réfugiée dans un coin?"

-"Oui. J'étais dans la cuisine en train de cuisiner des côtelettes de porc. Elle a essayé de voler les côtelettes de porc et elle a attrapé l'assiette posée sur le comptoir. Elle s'est enfuie avec l'assiette qui est tombée et s'est brisée sur le sol.

C'était l'assiette de service que ma défunte grand-mère m'avait donnée. J'ai paniqué complètement, terrifiée qu'elle puisse se blesser, puis quand j'ai réalisé que c'était l'assiette du service de mariage, en porcelaine de Chine de ma grand-mère, je me suis mise en colère.

Je lui ai crié de partir. Elle est allée se cacher dans le coin. Il m'a fallu 20 minutes pour la faire sortir de cet endroit. Je me sentais si mal."

Je l'ai apaisée : - "Il est naturel de réagir de cette façon. Tu ne voulais pas qu'elle se blesse."

J'ai regardé à ce moment-là Béatrice, dans les yeux: ses grands yeux inquiets semblaient si compréhensifs.

Je savais alors qu'il y avait de l'espoir et j'ai rassuré Mélanie en lui indiquant qu'il y avait des choses tout à fait abordables pour aider Béatrice à gérer son stress dans cette situation qui pouvait encore se présenter.

En finissant la séance corporelle, j'ai découvert que Béatrice avait une entorse à la cheville droite et une luxation au milieu du dos. Les luxations et les points de stress correspondaient tous deux à des problèmes d'estomac et à l'énergie nerveuse. J'ai demandé au propriétaire si elle avait souvent des maux d'estomac. Mélanie confirma.

J'adore quand cela arrive, ce moment, "Ah ah", où tout commence à se sentir connecté.

J'ai apporté des conseils à Mélanie, sur la nourriture de Béatrice et vous pouvez vous référer au chapitre précédent concernant ce point.

Depuis notre rencontre, Mélanie emmène Béatrice se promener et faire du jogging régulièrement pour qu'elle fasse suffisamment d'exercice et puisse se dépenser.

La prescription homéopathique dont j'avais besoin pour Béatrice devait inclure un traitement pour les entorses et la douleur ainsi que pour la peur des tempêtes.

La peur des tempêtes provenait en fait du traumatisme que Béatrice avait eu lorsque l'assiette s'est écrasée sur le sol. Le son était semblable au tonnerre et était lié aux conséquences qui avaient eu lieu lors de l'incident avec l'assiette et à la peur d'avoir à nouveau les désagréments qui s'étaient produits pendant cet événement.

Depuis, lorsque l'orage éclatait et que le tonnerre grondait, Béatrice se cachait. Mais au vu de sa grande taille, dans la panique et dans la recherche d'un endroit pour se cacher, elle causait inévitablement des dégâts et cassait des objets ce qui poussait sa propriétaire à lui crier dessus comme la première fois.

C'est un cycle qui tournait en boucle et nous devions inverser la tendance et trouver une solution pour changer ce comportement.

Voici quelques-unes des modalités qui vous aideront si votre animal est confrontée à la peur du de l'orage et du bruit du tonnerre:

HOMEOPATHIE :

- ❖ **Arnica Montana 9ch** - pour la douleur et pour guérir le traumatisme.

- ❖ **Phosphorus 9ch** - peur des tempêtes.

- ❖ **Gelsemium 9ch** - pour l'anxiété.

ESSENCES DE FLEURS :

Pour le propriétaire et le chien.

- ❖ **Remède de secours** (Rescue)

- ❖ **Etoile de Bethléem** - Star of Bethlehem - pour les chiens qui ont subi des abus, des traumatismes et des chocs, qu'ils soient récents ou éloignés dans le passé.

- ❖ **Hélianthème** - Rock Rose - pour panique ou terreur, peur paralysante, tremblement, comportement d'évasion extrême

❖ **Châtaignier**-Sweet Chestnut - auto-mutilation

❖ **Chicorée** - Chicory - problèmes de vessie et d'estomac

❖ **Impatience** - Impatiens - Nerveux et anxieux

HUILES ESSENTIELLES :

❖ **Bergamote** (Citrus bergamia) aide à équilibrer les émotions en apaisant l'irritabilité.

❖ **Lavande** (Lavandula angustifolia) est probablement l'huile essentielle la plus connue pour la peur et la timidité

❖ **Rose de Damas** (Rosa damascena) est calmante et stabilisante.

❖ **Ylang Ylang** (Cananga odorata) a une action sédative. Elle peut apaiser la nervosité et l'insécurité

❖ **Encens ou Oliban** (Boswellia carterii) favorise un état d'esprit calme

❖ **Nard** (Nardostachys jatamansi) est très utile avec le Syndrôme de Stress Post-Traumatique SSPT.

❖ **Géranium Rose** (Pelargonium graveolens, pelargonium roseum) est apaisant et équilibre les sautes d'humeur, apaise la peur ou l'insécurité.

MEDITATION :

Méditer ensemble ou prendre 5 à 10 minutes pour ne penser qu'à votre animal, vous souvenir d'un moment que vous avez passé ensemble où vous étiez tous les deux heureux et, dans ce cas, paisibles et non effrayés. Cela va changer le lien émotionnel que vous entretenez avec votre animal.

Je crois personnellement que les animaux communiquent par télépathie et visuellement. En méditant avec votre animal de compagnie ou en ressentant des pensées affectueuses envers lui, vous pourrez même ouvrir une communication plus profonde avec votre animal.

MASSAGE :

Fixer une heure précise pour être ensemble tous les jours pour simplement lui frotter le ventre, cela deviendra une situation naturelle et même en cas de tempête.

Parce que caresser votre chien libère des endorphines, des sentiments heureux, cela l'aidera à être plus détendu pendant la tempête. Établir une routine à l'avance, en faire une pratique standard, aidera votre chien à comprendre que lorsque vous l'appelez à s'asseoir à côté de vous, il sera heureux.

En conséquence, après un peu de pratique, votre chien changera son comportement pendant les tempêtes et vous recherchera pour se sentir en sécurité et éprouver un sentiment de mieux-être. Cela changera le cycle du processus de déclenchement de ces crises de peur.

REIKI OU DISTANCE REIKI :

Le Reiki, comme mentionné précédemment, est une modalité de guérison profonde qui, si vous l'apprenez, vous permettra d'envoyer de loin de l'énergie "guérissante" à votre animal. Pendant qu'il tremble dans un coin et ne veut pas être touché, ou si vous ne pouvez pas être à la maison et qu'une tempête arrive, vous pouvez envoyer une énergie apaisante à votre animal.

GEMMOTHERAPIE ET ELIXIRS DE CRISTAUX :

Certains chiens mâchent des pierres. Si votre chien a tendance à mâcher des pierres, placer des pierres autour de la maison n'est pas une bonne idée en raison de la possibilité d'avaler les pierres. Et certaines pierres précieuses sont toxiques comme la malachite si elles sont ingérées. Encore une fois, soyez prudent lorsque vous utilisez des pierres dans votre maison ou sur des colliers. Dans ce cas, il serait avantageux d'utiliser le spray ou de mettre les essences dans le bol d'eau ou directement dans la bouche de votre chien. En outre, il est recommandé de trouver des essences de gemmothérapie authorisées pour les animaux. Facile à utiliser en combinaison avec d'autres modalités.

- ❖ **Améthyste** - le maître guérisseur. Peut aider à soulager l'anxiété et la peur de la séparation et aider votre animal à se concentrer.

- ❖ **Quartz rose** - Amour et équilibre. Cette pierre peut être excellente avec des animaux de sauvetage ou des animaux souffrant de cruauté passée. Cela peut aider au pardon, réduire le stress et ouvrir les cœurs à l'amour et à la douceur.

- ❖ **Quartz clair** - Un autre maître guérisseur. Peut amplifier les intentions et approfondir le lien entre les chiens et leurs propriétaires

- ❖ **Citrine** - Cette pierre peut apporter clarté et bonheur.

- ❖ **Sodalite bleue** - Cette pierre ou essence peut être utile pour l'anxiété qui provoque la panique et la peur.

- ❖ **Malachite** - Cette pierre peut aider à changer les comportements compulsifs indésirables.

- ❖ **Cornaline** - Cette pierre peut être recommandée pour renforcer la confiance et l'estime de soi. Elle est connue pour libérer la tristesse et la dépression.

❖ **Tourmaline noire** - Cette pierre peut protéger les animaux d'absorber le stress, la peur, la colère, etc., pendant nos moments difficiles.

COMMUNICATION ANIMALE :

Pratiquez beaucoup de conversations douces et réconfortantes pendant la tempête ou quand il y a des bruits forts en marchant. Et enfin, amusez-vous avec votre chien et mettez de la musique forte de temps en temps.

Epilogue de l'histoire de Béatrice et Mélanie :

Après deux semaines, la peur des tempêtes de Béatrice commença à être corrigée après avoir travaillé sur son traumatisme passé, sa tristesse d'avoir occasionné la chute de sa propriétaire lors de sa tentative de fuite ainsi que sa peur des tempêtes (gros bruits).

Mélanie a utilisé le massage, la méditation également pour guérir et changer son processus de pensée.

Elle a travaillé à faire confiance à son chien et a également utilisé les thérapies naturelles citées ci-dessus, pour l'aider dans le processus de transition de son chien.

Pour guérir le problème de Béatrice, il fallait aussi que sa propriétaire voit tout différemment.

Je suis certaine qu'il existe d'autres soins naturels disponibles, cependant, les thérapies énumérées ci-dessus sont celles que j'ai utilisées au cours des 20 dernières années.

10

ANXIÉTÉ DE SÉPARATION

Attendez-vous à des miracles !

Certains animaux manifestent leur stress lorsqu'ils sont laissés seuls. La panique qu'ils ressentent peut être accablante pour votre chien. En conséquence, le chien peut saliver excessivement, marcher, aboyer sans cesse, avoir des «accidents» et même détruire votre maison.

Je recommande fortement la formation en cage si votre chien n'a pas peur d'être enfermé. Cela peut être bénéfique pour aider votre animal à se sentir en sécurité et éviter d'endommager votre maison. De même, lorsqu'ils se rendront chez le vétérinaire, ils ressentiront moins d'appréhension d'être mis en cage si le besoin s'en fait ressentir lors de certains soins. Mais surtout, la cage leur offrira un endroit sûr et privé et pourra les aider à lutter contre l'anxiété de séparation. Si vous doutez de la formation en cage, c'est parfaitement normal. Comme mentionné ci-dessus, l'entraînement en cage n'est pas fait pour tous les chiens. Cependant, mettre votre odeur (vêtement que vous aurez porté) dans sa cage soulagera l'anxiété de certains animaux, en particulier les chiots qui se sont déjà liés à leurs propriétaires. Non recommandé cependant, si votre chien détériore tout dans sa cage.

Après avoir consulté votre vétérinaire pour vous assurer que votre chien est en bonne santé, votre vétérinaire peut vous remettre une ordonnance pour des médicaments qui peuvent aider à calmer votre chien. C'est toujours une option, surtout si l'anxiété de votre chien est si élevée qu'elle pourrait lui nuire ou nuire à d'autres "individus".

Être laissé seul peut aussi être effrayant pour votre animal, car il a été dit que les animaux croient que lorsque nous partons, nous ne reviendrons jamais. Ils le ressentent comme un abandon. Si tel est le cas, lorsque nous partons le matin, ils peuvent s'inquiéter de leur survie. Si votre style de vie vous permet de travailler à des heures différentes, l'horloge interne du chien sera perturbée. Une routine qui ne varie pas trop peut aider les animaux à ressentir moins d'anxiété de séparation. Mais à mesure que la vie change, nos routines peuvent s'en trouver modifiées mais nous devrions être en mesure de nous sentir tranquilles de laisser nos animaux à la maison sans craindre qu'ils y fassent de la destruction ou puissent se blesser lors de notre absence.

Si votre emploi du temps change constamment, je vous recommande de faire appel à un promeneur de chien ou à une pet-sitter pour vous aider à instaurer une routine avec votre chien.

Chaque race est différente et les besoins de chaque chien diffèrent selon cette dernière. Une chose est certaine, ils éprouvent tous le besoin de faire de l'exercice. Les petits chiens peuvent faire de l'exercice simplement en courant dans la maison. Pour un gros chien, courir dans la maison ne sera pas suffisant, il ne pourra pas suffisamment se dépenser et ce manque peut occasionner un comportement destructeur lors de la séparation. C'est pour cette raison que j'évoquais plus haut, la possibilité de faire appel à un promeneur pour chiens. Solution d'aide idéale à envisager dans ces situations.

Certaines races sont aussi plus enclines à ressentir de l'anxiété de séparation que d'autres. Les petits chiens d'appartements ont l'habitude d'être proches de vous, d'être tenus près de votre cœur. Ils sont donc très sensibles à la séparation.

La musique au son des battements de cœur et la musique apaisante sont connues pour calmer les animaux de compagnie lors de votre absence.

Des vêtements, tels que des t-shirts, des collants, des écharpes... peuvent également être utiles pour certains animaux. Cependant, si votre chien est destructeur, ce ne sera pas la solution recommandée.

Des remèdes à cette anxiété de la séparation peuvent être proposés :

LES ESSENCES DES FLEURS :

Quelques Essences et leurs indications thérapeutiques en fonction des symptômes et des causes rencontrés :

- ❖ **Remède de secours** (Rescue remedy) - peut aider à soulager les sentiments de panique ou de terreur et pour des problèmes spécifiques, rappelez-vous qu'il est possible de combiner des essences adaptées à l'anxiété de votre chien.

- ❖ **Aigremoine** (Agrimony) - mâcher, mastiquer

- ❖ **Prunus** (Cherry Plum) - comportement destructeur, mâcher, uriner, etc ...

- ❖ **Chicorée** (Chicory) - diarrhée, vomissements, maux d'estomac

- ❖ **Chèvrefeuille** (Honeysuckle) - Disparition d'un être cher.

- ❖ **Impatience** (Impatiens) - pour les chiens extrêmement nerveux et anxieux constamment et dont les symptômes s'aggravent lors de la séparation

- ❖ **Mimule** (Mimulus) - stress émotionnel

- ❖ **Olivier** (Olive) - tentative de fugue quand le chien est seul

- ❖ **Marronnier rouge** (Red chestnut) - regarde

par la fenêtre, à la recherche de son maître

- ❖ **Hélianthème** (Rock Rose) - terreur et panique, tremblements incontrôlés, comportements paniques de tentative de fuite, le chien cherche par tous les moyens à s'évader

- ❖ **Etoile de Bethléem** (Star of Bethlehem) - Traumatisme émotionnel, angoisse de la solitude, fuite urinaire ou de selle

- ❖ **Châtaignier** (Sweet Chestnut) - Auto-mutilation

- ❖ **Verveine** (Vervain) - chien tendu, nerveux, peut franchir et sauter la clôture

- ❖ **Marronnier blanc** (White Chestnut) - Troubles de comportements répétitifs, obsessionnels, agités

- ❖ **Eglantier** (Wild Rose) - le chien se réfugie dans un espace restreint.

HOMEOPATHIE :

- ❖ **Argentum Nitricum 9ch** - peut aider à lutter contre la peur d'être seul et agir sur des problèmes d'estomac et intestinaux (vomissements, diarrhée)

- ❖ **Pulsatilla 9ch** - pour un animal "pot de colle", toujours à côté de vous lorsque vous êtes à la maison, qui vous suit sans cesse et accompagne chacun de vos mouvements dès que vous vous levez ou que vous vous absentez dans une pièce et qui recherche constamment votre attention.

HUILES ESSENTIELLES :

- ❖ **Bergamote** (Citrus bergamia) aide à équilibrer les émotions en apaisant l'irritabilité.

- ❖ **Lavande** (Lavandula angustifolia) est probablement l'huile essentielle la plus connue pour la peur et la timidité

- ❖ **Rose de Damas** (Rosa damascena) est calmante et stabilisante.

- ❖ **Ylang Ylang** (Cananga odorata) a une action sédative. Elle peut apaiser la nervosité et l'insécurité

- ❖ **Marjolaine douce** (Origanum majorana) est relaxante et aide à l'ancrage. Elle aide à apaiser les muscles.

- ❖ **Encens ou Oliban** (Boswellia carterii) favorise un état d'esprit calme

- ❖ **Nard** (Nardostachys jatamansi) est très utile avec le Syndrôme de Stress Post-Traumatique SSPT.

❖ **Géranium Rose** (Pelargonium graveolens, pelargonium roseum) est apaisant et équilibre les sautes d'humeur, apaise la peur ou l'insécurité.

SPRAYS HORMONAUX :

Les sprays hormonaux régulés par l'aromathérapie.- Reiki à distance

MEDITATION :

Méditation avec ou sans votre animal.

GEMMOTHERAPIE ET ELIXIRS DE CRISTAUX :
:

Certains chiens mâchent des pierres. Si votre chien a tendance à mâcher des pierres, placer des pierres autour de la maison n'est pas une bonne idée en raison de la possibilité d'avaler les pierres. Et certaines pierres précieuses sont toxiques comme la malachite si elles sont ingérées. Encore une fois, soyez prudent lorsque vous utilisez des pierres dans votre maison ou sur des colliers. Dans ce cas, il serait avantageux d'utiliser le spray ou de mettre les essences dans le bol d'eau ou directement dans la bouche de votre chien. En outre, il est recommandé de trouver des essences de gemmothérapie acceptant les animaux.

❖ **Améthyste** - le maître guérisseur, cette pierre peut aider à lutter contre l'anxiété de séparation et aider votre animal à se concentrer.

❖ **Quartz rose** - Amour et équilibre. Cette pierre ou essence peut réduire le stress et ouvrir les cœurs à l'amour et à la douceur.

❖ **Quartz clair** - Un autre maître guérisseur. Peut amplifier les intentions et approfondir le lien entre les chiens et leurs propriétaires

❖ **Citrine** - Cette pierre ou essence peut apporter clarté et bonheur.

❖ **Sodalite bleue** - Cette pierre ou cette essence peut être utile pour les animaux nerveux qui paniquent et ont peur.

❖ **Malachite** - Cette pierre ou essence peut aider à changer les comportements compulsifs indésirables. (attention à l'ingestion de cette pierre)

❖ **Cornaline** - Carnelian- Cette pierre ou essence peut être recommandée pour renforcer la confiance et l'estime de soi. Elle est connue pour libérer la tristesse et la dépression.

❖ **Tourmaline noire** - Cette pierre ou essence peut protéger les animaux d'absorber le stress, la peur, la colère, etc., pendant nos moments difficiles.

JOUETS ET PUZZLES :

Bien suivre les consignes pour assurer la sécurité du chien.

THERAPIE PAR LE SON :

La musique apaisante, et la télévision, …

LES VETEMENTS :

Les t-shirts, les colliers, …

LES ÉDUCATEURS DE CHIEN :

Pour redonner confiance et autonomie.

AROMATHERAPIE :

Diffusion ou Topique.

- ❖ **Menthe**

- ❖ **Pin**

- ❖ **Citron**

Il existe d'autres remèdes qui peuvent être bénéfiques pour votre animal. Si les symptômes de votre animal persistent, ne perdez pas espoir, rendez-vous chez un spécialiste: homéopathe, ostéopathe, naturopathe, communicateur animalier, comportementaliste. Ils pourront vous proposer un programme adapté aux besoins de votre chien.

Il lui faut une nourriture saine, pratiquer régulièrement de l'exercice, lui consacrer du temps personnalisé et surtout lui donner beaucoup d'amour. Si votre chien ne fait pas assez d'exercice ou ne se socialise pas suffisamment avec d'autres chiens, l'appel à un promeneur ou à un dresseur de chiens peut être utile.

11

ABOIEMENTS INCESSANTS

Les chiens qui aboient sans cesse sont vraiment un défi.

Un chien qui aboie intempestivement peut occasionner une gêne importante pour le maître, pour le voisinage, la famille… et le chien aboyeur peut rendre la vie difficile à son entourage.

C'est le cas du chien de ma voisine. Après avoir fait l'expérience de nombreuses tentatives pour régler ce problème; elle a dû en dernier recours faire gratter les cordes vocales de son chien pour que son chien ne puisse plus aboyer. Cependant, il a continué à aboyer, aucun son ne sortait mais l'animal le faisait pendant presque 24 heures par jour.

C'est une situation extrême assez rare mais c'est l'un des comportements les plus difficiles à régler que d'entraîner son chien à mettre fin à cette mauvaise habitude.

Il existe différents types d'accessoires tels que les colliers de dressage anti-aboiements (spray, électrostatique, vibration, ultrasons…) qui vont stopper les aboiements mais c'est pour moi la dernière des solutions à adopter car cela ne traite pas le problème à la source et peut causer encore plus de stress pour l'animal.

Donc, si vous êtes à bout de souffle et que vous avez tout essayé, veuillez adopter une approche douce et chaleureuse, tout en utilisant si vraiment nécessaire les accessoires de dressage, tout en combinant des alternatives naturelles et en donnant à votre animal le plus d'amour possible.

Certaines races sont plus enclines à aboyer que d'autres, et vous pouvez penser : «Il est normal qu'un petit chien aboie toute la journée ! ». Mais, ce n'est pas forcément exact et il y a toujours des exceptions.

Sur le plan des comportements, on peut observer des Jack Russell Terriers aboyeurs, agressifs et des Jack Russell Terriers qui sont doux, calmes et aimables. On trouve ce phénomène similaire pour toutes les races de chiens.

L'appel à un comportementaliste spécialisé dans votre race de chien, vous aidera à déterminer l'origine du problème, à comprendre les particularités de votre chien et de sa race et de le dresser le mieux possible afin d'éviter toute agressivité dans cet apprentissage pour ne pas aboyer incessamment.

Mis à part les traits de comportement, ne perdez pas espoir et soyez patient. Si l'animal aboie sans cesse depuis longtemps, le temps qu'il faudra pour changer cette habitude sera d'autant plus conséquent également.

Apprendre à votre chien à aboyer à certaines occasions est une bonne chose. Une fois que vous lui aurez appris à communiquer ainsi dans les situations cohérentes , vous pouvez lui apprendre tout aussi bien l'inverse. Il existe de nombreuses vidéos sur internet qui peuvent vous aider dans l'approche de cette technique.

Pour déterminer quel remède naturel sera le plus adapté ou quelle combinaison de thérapies sera à utiliser, vous devrez vous poser les questions suivantes:

- ❖ Votre chien est-il le centre d'attention de votre foyer?

- ❖ Votre chien a-t-il été adopté et a-t-il peur que vous ne reveniez pas après votre départ?

- ❖ Votre chien est-il autoritaire, dominant ?

Voici quelques-uns des remèdes que j'ai utilisés avec des chiens qui aboient sans cesse, prescrits seuls ou combinés :

ESSENCES DE FLEURS :

Pour atténuer les sentiments de panique ou de terreur si votre chien souffre également d'anxiété de séparation et a peur de l'abandon après votre départ.

- ❖ **Bruyère** (Heather) - est spécifique pour les animaux qui ont besoin d'être avec les autres et qui sont au centre de l'attention.

- ❖ **Verveine** (Vervain) – Très énervé, hyperactif, court à côté de la clôture

- ❖ **Saule** (Willow) - Rancœur, colère d'être laissé seul toute la journée

- ❖ **Marronnier Rouge** (Red chestnut) - À la recherche continue de son propriétaire

- ❖ **Etoile de Bethléem** et **Bergamote** (Star of Bethlehem & Bergamot) - panique émotionnelle, peur de séparation.

HOMEOPATHIE :

- ❖ **Argentum Nitricum 9ch** - peur d'être seul.

- ❖ **Arnica Montana 30ch** - après un trauma

- ❖ **Gelsemium 9ch** - pour l'anxiété

SPRAY HORMONAUX :

Diffuseur calmant aux phéromones pour chien (et chat) spray pulvérisé dans l'air, sur la literie et même sur le dos de votre chien.

AROMATHÉRAPIE / HUILES ESSENTIELLES :

Par diffusion ou voie topique.

- ❖ **Lavande**

- ❖ **Bergamote**

- ❖ **Valériane** - La valériane quand ingérée est adaptée pour calmer votre animal, par contre, l'arrêt de l'absorption de cette plante peut engendrer des manifestations de panique ou de stress chez votre chien. Chaque chien est différent, mais souvent j'ai pu constater ces états avec mes patients. Il existe plusieurs médicaments que vous pouvez trouver chez votre vétérinaire qui incluent la valériane. Veillez donc à vérifier la composition de ce médicament avant de le donner à votre animal.

GEMMOTHÉRAPIE ET ÉLIXIRS DE CRISTAUX :

Certains chiens mâchent des pierres. Si votre chien a tendance à mâcher des pierres, placer des pierres autour de la maison n'est pas une bonne idée en raison de la possibilité d'avaler les pierres. Et certaines pierres précieuses sont toxiques comme la malachite si elles sont ingérées. Encore une fois, soyez prudent lorsque vous utilisez des pierres dans votre maison ou sur des colliers. Dans ce cas, il serait avantageux d'utiliser le spray ou de mettre les essences dans le bol d'eau ou directement dans la bouche de votre chien. En outre, il est recommandé de trouver des essences de gemmothérapie autorisées pour les animaux.

- ❖ **Améthyste** - "le maître guérisseur", cette pierre peut aider à lutter contre l'anxiété de séparation et aider votre animal à se concentrer.

- ❖ **Quartz rose** - Amour et équilibre. Cette pierre ou essence peut réduire le stress et ouvrir les cœurs à l'amour et à la douceur.

- ❖ **Quartz clair** - "Un autre maître guérisseur". Peut amplifier les intentions et approfondir le lien entre les chiens et leurs propriétaires

- ❖ **Citrine** - Cette pierre ou essence peut apporter clarté et bonheur.

- ❖ **Sodalite bleu**e - Cette pierre ou cette essence peut être utile pour les animaux nerveux qui paniquent et ont peur.

- ❖ **Malachite** - Cette pierre ou essence peut aider à changer les comportements compulsifs indésirables.

- ❖ **Cornaline** - Carnelian- Cette pierre ou essence peut être recommandée pour renforcer la confiance et l'estime de soi. Elle est connue pour libérer la tristesse et la dépression.

❖ **Tourmaline noire** - Cette pierre ou essence peut protéger les animaux d'absorber le stress, la peur, la colère, etc., pendant nos moments difficiles.

THERAPIE LUDIQUE :

Puzzles, casse-têtes, jeux interactifs pour animaux de compagnie pour occuper votre chien et ainsi le faire penser à autre chose. Attention à la sécurité.

THERAPIE PAR LE SON :

Certains chiens aiment le son de la télévision, d'autres aiment la musique apaisante ou même le son d'un cœur qui bat.

NUTRITION :

Assurez-vous que la nutrition et le mode de vie de votre chien soient bien adaptés et cohérents. C'est possible qu'il aboie parce qu'il a peur de ne pas avoir à manger.

Il lui faut une nourriture saine, pratiquer régulièrement de l'exercice, lui consacrer du temps personnalisé et surtout lui donner beaucoup d'amour. Si votre chien ne fait pas assez d'exercice ou ne se socialise pas suffisamment avec d'autres chiens, l'appel à un promeneur ou à un dresseur de chiens peut être utile.

Et enfin, votre vétérinaire pourra vous conseiller et vous faire découvrir de nouvelles alternatives naturelles qui fonctionnent bien sur les animaux de compagnie.

12

La Peur d'être Touché

Si un inconnu s'approchait de vous et commençait à vous frotter le visage ou la tête, que feriez-vous ?

Il n'est pas naturel pour les animaux et dans l'ordre des choses de chercher à être touchés tant qu'ils n'ont pas appris ou compris que ce geste fait partie de la normalité et de l'habitude. Et, même si ce geste peut paraître approprié, certains animaux refusent le contact physique. À vrai dire, cette attitude ne devrait pas vous poser problème si votre chien n'aime pas être touché par des personnes inconnues. Il n'est pas essentiel que les personnes touchent votre chien si ce dernier n'aime pas ce geste. Mais le problème posé est que l'on peut se trouver face à des situations incontrôlées et qui peuvent avoir une incidence néfaste et non négligeable, voire dangereuse pour toutes les parties impliquées lors d'un contact physique non désiré par votre chien envers vous-même ou d'autres personnes. C'est la raison pour laquelle, il est absolument fondamental que votre animal puisse être touché.

Cas de situations susceptibles de se produire :

Si un jeune enfant se précipite vers votre chien, comment votre chien va-t-il réagir ?

Si votre chien a besoin de soins, comment faire pour le toucher ?

Qu'arrivera-t-il à votre chien si vous vous rendez chez le vétérinaire et que le toucher n'est pas toléré et qu'il est impossible à manipuler ?

Votre animal va se trouver dans une position inconfortable pour son immobilisation mais obligatoire pour éviter tout accident de morsures pendant les soins. Le chien va se sentir agressé, malmené et cela va engendrer un stress supplémentaire.

Je recommande de rechercher une clinique vétérinaire certifiée "Fear Free."

Les vétérinaires, les infirmières, les techniciens vétérinaires... sont formés à des techniques douces et affectueuses pour protéger le bien-être émotionnel de votre animal qui se sentira donc rassuré et plus à l'aise lors des soins. La plupart du temps, les animaux peuvent être traités et soignés, mais si les techniques de motivation positive ne fonctionnent pas, il vous sera demandé de revenir en consultation, le lendemain, avec votre animal qui aura reçu une médication nécessaire pour éviter tout danger pour lui-même ou son entourage. Et ainsi il sera soigné dans des conditions optimales de sécurité, de sérénité mises en œuvre pour son bien-être.

L'utilisation de médicaments psychotropes chez le chien est encore une idée mal comprise et peut vous paraître horrible mais il arrive que la thérapie douce du comportement ne soit pas suffisante et que, pour aider le chien à vivre cette situation de manipulation sereinement, une prescription médicamenteuse soit nécessaire. On la proposera, prioritairement et en cas d'échec, face aux tentatives des méthodes douces, à des animaux qui ont eu un passif de maltraitance ou pour qui le contact de l'humain est assimilé à des blessures et tortures.

Mais il est essentiel d'éviter une situation potentiellement dangereuse, liée à un stress et une anxiété décuplée du chien pendant un soin vital pour sa santé, pour les parties impliquées.

Les chiens ont été élevés pour de nombreuses raisons différentes :

Certains, tout simplement, pour être des chiens de compagnie qui seront câlinés, dorlotés, d'autres élevés pour accomplir des tâches et qui seront appelés chiens de travail ou d'utilité.

Chaque race de chien a un tempérament différent. Certaines races de chiens aiment instinctivement se faire câliner et d'autres préfèrent travailler. Cela ne signifie pas que si vous avez un chien de travail traditionnel qu'il n'aimera jamais pour autant être câliné ou être caressé, touché. Cela implique qu'il faudra peut-être un peu plus de temps pour qu'il soit moins anxieux lors du contact physique.

Une autre chose très importante à considérer est la sensibilité de la peau. Comme nous l'avons vu dans les chapitres précédents, chaque animal est différent et chaque animal a une sensibilité émotionnelle différente, mais les animaux ont également des sensibilités cutanées spécifiques. Comme chez les humains, des personnes apprécient un massage, d'autres non. Et suivant votre sensibilité, vous appréciez plus ou moins certaines techniques de massage. Certaines personnes aiment un effleurage léger, d'autres veulent un massage des tissus profonds. On retrouve ces situations analogues pour les animaux Votre chien peut aussi être sensible au toucher.

L'une des premières raisons pour lesquelles un chien a peur d'être touché est associée à la douleur.

Il est difficile en tant que propriétaire de voir si votre chien souffre, car votre chien sera toujours heureux de vous voir. Nous croyons que s'ils sont heureux, ils ne souffrent pas. À moins qu'un chien ne marche sur trois pattes ou ait une plaie ouverte, nous n'avons aucune raison de croire ou d'imaginer que nos animaux de compagnie bien-aimés souffrent.

Voici une liste rapide de constats à rechercher pour déterminer si votre animal souffre.

❖ Refuse d'être touché en montrant les dents, en claquant les dents, en grognant, en vous mordant, en s'éloignant alors que normalement il aime le contact,

❖ Ne veut pas jouer.

❖ Le corps tremble alors que normalement ce n'est pas le cas. Tremblement des pattes postérieures.

❖ Quand il pose un pied sur sa tête, il fait des hochements avec la tête.

❖ Se lèche ou mordille constamment une partie de son corps.

❖ Saute sur une jambe pour commencer à marcher, trotter ou courir.

❖ Refuse de faire des choses qu'il fait habituellement.

❖ Refuse de manger.

Si tel est le cas pour votre chien, ou si votre animal devient agressif et possiblement dangereux, la première chose à faire est d'amener votre chien à un contrôle vétérinaire.

Si son état général est satisfaisant et qu'il est en pleine santé, vous pourrez passer à l'étape suivante qui consiste à aider votre animal à se sentir plus à l'aise lorsqu'il est touché.

Alternatives naturelles pour lutter contre la peur d'être touché:

MASSAGE :

Apprenez le massage de base pour chien et faites-le chez vous à votre rythme. Amener votre chien chez le spécialiste aidera votre chien à comprendre aussi que les autres personnes qui le touchent lui apporteront du plaisir.

HOMEOPATHIE :

- ❖ **Arnica Montana** - pour la sensibilité cutanée (9ch) et / ou les animaux traumatisés émotionnellement (30ch).

- ❖ **Ignatia Amara 9ch** quand le comportement est inexplicable

- ❖ **Argentum Nitricum 9ch** si votre chien a tendance à s'enfuir.

- ❖ **Phosphorus 5ch** si votre chien est généralement hypersensible

- ❖ **Gelsemium 9ch-15ch** si votre chien tremble et se recroqueville

- ❖ **Pulsatilla 9ch** lorsque votre chien a peur d'être touché par le sexe opposé.

HUILES ESSENTIELLES :

- ❖ **Bergamote** - (Citrus bergamia) aide à équilibrer les émotions en apaisant l'irritabilité.

- ❖ **Lavande** (Lavandula angustifolia) est probablement l'huile essentielle la plus connue pour la peur et la timidité

- ❖ **Marjolaine douce** (Origanum majorana) est relaxante et aide à l'ancrage. Elle aide à apaiser les muscles.

- ❖ **Rose de Damas** (Rosa damascena) est calmante et stabilisante.

- ❖ **Ylang Ylang** (Cananga odorata) a une action sédative. Elle peut apaiser la nervosité et l'insécurité

- ❖ **Encens ou Oliban** (Boswellia carterii) favorise un état d'esprit calme

- ❖ **Nard** (Nardostachys jatamansi) est très utile avec le Syndrôme de Stress Post-Traumatique SSPT.

- ❖ **Géranium Rose** (Pelargonium graveolens, pelargonium roseum) est apaisant et équilibre les sautes d'humeur, apaise la peur ou l'insécurité.

- ❖ **Huile de CBD** - Homologuée vétérinaire

uniquement. Apaise la douleur et favorise l'endormissement. Avertissement : pourra irriter l'estomac et l'œsophage.

AROMATHERAPIE :

Toutes les huiles essentielles citées précédemment peuvent être utilisées en aromathérapie

Gardez toutes les huiles essentielles hors de portée des chats.

SOCIALISATION :

La mise en pension de votre animal (ou 'dog sitter') peut être utile pour renforcer sa confiance et atténuer ses peurs.

DES EDUCATEURS :

Appel à des éducateurs d'animaux pour aider à la socialisation

COMMUNICATION ANIMALE

13

LA PEUR DU SEXE OPPOSÉ

Cela peut sembler étrange, mais c'est vrai. J'entends souvent les propriétaires d'animaux dire que leur chien est vraiment gentil mais qu'il n'aime pas les hommes ou qu'il n'aime pas les femmes. Ils vont se recroqueviller derrière le propriétaire ou aboyer agressivement sur le passant. Si c'est le cas de votre chien, ne perdez pas espoir. Parfois, les chiens sortent de ce comportement à mesure que leur expérience grandit avec le sexe opposé.

Il existe de nombreuses raisons ou justifications pour lesquelles nous présentons nos excuses à la personne envers laquelle nos chiens adoptent un tel comportement. Mais l'objectif est que nous devons entraîner et éduquer nos chiens pour éviter cette peur . Le meilleur remède pour agir est de faire de bons choix dans les thérapies proposées et d'opter pour un dressage bien approprié. De bons choix signifient être attentif à la peur de votre chien et d'en identifier l'origine.

Si votre chien a peur de se trouver dans un grand groupe de personnes, en faisant preuve d'affection et de calme, vous conduirez doucement et progressivement votre chien autour de grands groupes de personnes. Nous adopterons la même approche dans le cas de la peur du sexe opposé. Nous devons agir de manière naturelle, mais de façon réfléchie et posée, dans un esprit d'amour et de confiance, sans stress et faire en sorte que votre animal se trouve dans un environnement apaisé et avec une solution d'espace de fuite où il puisse se réfugier et se sentir sécurisé. Le chien est en instinct de survie quand il a peur, et, ce qu'il ne connaît pas, lui semblera dangereux et il cherchera à se protéger et à fuir. D'où la priorité de pratiquer ces approches dans des lieux sécurisés, à l'intérieur comme à l'extérieur. Car nous ne souhaitons absolument pas que notre chien s'échappe et se mette en danger.

Il est préférable de commencer progressivement à l'extérieur et non chez vous. Si votre chien est dressé en cage, lui permettre de rester dans sa cage et ainsi il pourra surveiller la personne dont il a peur et observer son comportement envers vous. Si le chien se rend compte que la personne est gentille avec vous, il sera rassuré et cela l'aidera à prendre confiance envers cette dernière dans votre maison. En cas de peur panique, vous pouvez également détourner l'attention de votre chien en redirigeant votre animal vers quelque chose qu'il aime : jeux, friandises ; il associera donc cette situation à quelque chose de positif et bénéfique.

Ce sont des exemples de propositions que vous pouvez faire simplement par vous-même et qui faciliteront le processus de régulation de cette peur. Et bien évidemment, vous ne devez pas hésiter à vous faire aider par un éducateur du comportement ou de dressage qui vous guidera dans cette tâche. Rediriger votre animal vers quelque chose qu'il aime est également bénéfique. Ce sont différentes propositions que vous pouvez adapter par vous-même pour faciliter le processus et, bien sûr, le dressage de votre chien.

Entre-temps, voici certaines thérapies que je recommande à mes propriétaires d'animaux pour la peur du sexe opposé:

ESSENCES DE FLEURS :

- ❖ **Remède de secours** (Rescue remedy) ainsi que quelques essences et leurs indications thérapeutiques en fonction des symptômes et les causes rencontrés

- ❖ **Hêtre** (Beech) - pour les chiens qui grognent ou agressifs envers le nouveau compagnon de leur propriétaire

- ❖ **Mimule** (Mimulus) - pour aider à calmer les émotions

- ❖ **Eau de Roche** (Rock Water) - pour de nouveaux changements dans la maison

- ❖ **Étoile de Bethléem** (Star of Bethléem) - Peur

d'être laissé seul

- ❖ **Vigne** (Vine) - Autoritaire, surprotecteur, dominant

- ❖ **Marronier blanc** (White Chestnut) - Obsession, pensées répétitives

- ❖ **Saule** (Willow) - rancœur

HOMEOPATHIE :

- ❖ **Pulsatilla 9ch** - peur du sexe opposé, jalousie, envie d'amour

- ❖ **Gelsemium 9ch-15ch** - extrêmement anxieux

- ❖ **Argentum Nitricum 9ch** - nerveux

HUILES ESSENTIELLES :

- ❖ **Bergamote** (Bergamot) - Citrus Bergamia- - apaise la vivacité, la panique, la dépression, la frustration et l'irritabilité

- ❖ **Marjolaine à coquilles** (Origanum Majorana) - chagrin et énergie sexuelle excessive

- ❖ **Ylang Ylang** (Cananga Odorata) - a une action calmante et apaise les problèmes de vessie nerveuse

- ❖ **Huile de Nard** (Nardostachys Jatamansi) - guérit les blessures émotionnelles du passé et du présent

- ❖ **Géranium Rose** (Pelargonium Graveolens) - apaise et équilibre la peur et l'insécurité

AROMATHERAPIE :

Toutes les huiles essentielles citées précédemment peuvent être utilisées en aromathérapie

Gardez toutes les huiles essentielles hors de portée des chats.

SOCIALISATION :

La mise en pension de votre animal (ou 'dog sitter') peut être utile pour renforcer sa confiance et atténuer ses peurs.

EDUCATEURS :

Appel à des éducateurs d'animaux pour aider à la socialisation ou participation à une stage d'éducation .

COMMUNICATION ANIMALE

14

ANXIÉTÉ DE VOYAGE

Huit sur dix de mes patients animaux me demandent des remèdes naturels pour lutter contre l'anxiété des animaux qui voyagent. Il existe de nombreuses raisons différentes pour lesquelles les animaux de compagnie agissent d'une certaine manière et il n'y a pas de panacée pour toutes les différentes raisons. Cela étant dit, il y a beaucoup de choses que nous pouvons faire pour aider notre bien-aimé à faire face à l'anxiété lors de ses voyages.

Ma chienne Abbie est une boule d'amour joyeuse et pleine d'énergie. Mentalement, elle est une penseuse et possède une incroyable ténacité pour l'apprentissage et une détermination ciblée. En même temps, elle est timide et prudente, c'est comme si elle devait comprendre les choses avant de pouvoir faire confiance à quelque chose de nouveau. Dans les premiers temps, quand elle voyageait en voiture, chaque trajet se terminait par le nettoyage de ses maux d'estomac.

Lorsqu'elle était encore un chiot, je pensais juste à l'aider à traverser ce mal être en l'emmenant faire un tour en voiture aussi souvent que possible pour lui prouver mentalement qu'il n'y avait pas de quoi s'inquiéter et ainsi renforcer sa confiance en elle. Je pensais qu'un court voyage par jour dans un endroit «amusant» résoudrait le problème. Lors de chaque sortie, je prolongeais le temps passé dans la voiture. Je croyais vraiment que cela fonctionnerait; après tout, elle était un chiot et avait juste besoin d'être acclimatée. Elle était en « apprentissage ». Je me suis assurée de ne pas l'emmener après qu'elle ait mangé et j'ai attendu que son estomac soit vide. Rien de tout cela n'a fonctionné. Son inquiétude s'empirait. Elle était terrifiée à l'idée de monter dans la voiture parce qu'elle l'associait à des mauvaises expériences précédentes.

J'ai acheté un siège d'auto. J'ai pensé qu'elle aurait peut-être besoin de se sentir plus en sécurité ou plus stable dans la voiture. Cela avait fonctionné pour beaucoup de mes patients. Cela n'a pas fonctionné pour elle, mais cela m'a aidée à contenir les vomissements.

Abbie a de beaux yeux bleus. Parfois, les chiens aux yeux bleus ou aux yeux multicolores peuvent avoir des problèmes et se sentir mal à l'aise en voiture et avoir le mal des transports. Il existe des vétérinaires qui se spécialisent dans l'aide aux problèmes oculaires. Parfois, les chiens aux yeux bleus sont aveugles. Abbie n'est pas aveugle, mais j'ai pensé qu'elle avait peut-être le mal des transports en essayant de se concentrer sur tout, parce qu'elle avait un problème aux yeux. J'ai donc déplacé son siège d'auto sur le sol.

Ne sachant pas combien de fois, elle avait été emmenée en voiture avec l'ancien propriétaire, je ne pouvais que suivre mon intuition. Peut-être a-t-elle associé le fait de monter dans une voiture avec un horrible événement initial. Cela aurait pu être quelque chose de simple comme si elle avait été enlevée à sa mère pendant qu'elle était toujours allaitée et mise directement dans la voiture. Mon esprit a commencé à « fourmiller », à imaginer et rechercher les causes qui auraient pu blesser mon petit bébé à fourrure. Mais je me suis rendue compte que même si quelque chose d'horrible s'était produit, ou s'il y avait eu un événement qui l'avait effrayée, ce n'était plus le cas maintenant. La chose la plus importante que je pouvais faire maintenant était de la voir heureuse et calme dans la voiture.

J'ai commencé à méditer, visualiser, Abbie heureuse et calme dans la voiture. J'ai commencé cette thérapie car j'éprouvais moi-même des inquiétudes à entreprendre les trajets avec Abbie en voiture. Cela était devenu essentiel pour changer mes pensées. Nous avons médité ensemble. Et en même temps, j'ai entrepris d'essayer des remèdes naturels pour elle et moi.

J'ai décidé de commencer par les essences de fleurs de Bach. Vous pouvez les mettre directement dans leur bouche ou dans leur nourriture, ou comme friandise. Procéder ainsi environ 15 minutes avant le voyage fonctionne bien. Pour Abbie, cela a bien fonctionné lors du premier voyage. La deuxième fois, j'ai procédé exactement de la même façon avant de la faire grimper dans la voiture, je l'ai rassurée pendant le trajet mais elle a encore vomi.

Ce que nous vivions avec Abbie correspondait à la période du premier confinement de mars 2020.

Dans l'entourage et dans notre vie, la peur était perceptible et très élevée.

Abbie le ressentait très fortement et cela augmentait son stress.

D'accord, émotionnellement, elle était stressée, vomissait et refusait de monter dans la voiture. Alors, mentalement, elle a décidé qu'en voiture elle se sentait mal. J'ai commencé le remède homéopathique, Gelsemium 9ch. Gelsemium est le remède qui lui a convenu en l'accompagnant dans sa maturité grandissante et ses expériences. Assise avec de l'air sur son visage ou à nos pieds dans le camion maintenant, elle va bien.

Voici quelques autres remèdes qui peuvent fonctionner:

HOMEOPATHIE :

❖ **Gelsemium 9ch** pour l'anxiété générale.

❖ **Cocculus Indicus 5ch** pour les chiens qui recherchent des endroits bas et chauds, et pour les étourdissements et les nausées.

❖ **Tabacum 7ch** - 3 granules aussi souvent que nécessaire pendant le voyage. Cela convient pour les animaux qui cherchent de l'air frais et regardent à l'extérieur. C'est aussi un remède pour le chien qui a des nausées extrêmes, qui hyper salive, qui peut avoir la diarrhée et qui a besoin d'air.

❖ **Colchicum 5ch** - Celui-ci est principalement utilisé avec les chats, mais il peut également être utile pour les chiens qui ont des difficultés avec les émanations de voiture.

HUILES ESSENTIELLES :

❖ **Lavande** (Lavandula Angustifolia) pour le stress, la peur et l'agitation.

❖ **Marjolaine douce** (Origanum Majorana) peut aider à soulager les maux d'estomac.

❖ **Rose de Damas** (Rosa Damascena) pour la panique.

❖ **Ylang Ylang** (Cananga Odorata) insécurité et problèmes de vessie nerveuse

❖ **L'Encens** (Boswellia Carteri) aide à calmer la respiration pendant les périodes de stress et de peur.

❖ **Géranium Rose** (Pelargonium Graveolens) pour calmer la peur et l'insécurité.

AROMATHERAPIE :

Toutes les huiles essentielles citées précédemment peuvent être utilisées en aromathérapie par diffusion.

Gardez toutes les huiles essentielles hors de portée des chats.

SPRAYS HORMONAUX :

Diffuseurs, ou sprays.

THERAPIE PAR LE SON :

La musique apaisante, les battements du cœur, la musique de la quinte parfaite.

COUVERTURE SUR LA CAGE

Une couverture sur la cage pourra soulager les inquiétudes de voyage.

VETEMENTS :

Les T-shirts et les vêtements anti-stress pourront aider pour toutes les races des chiens.

GEMMOTHERAPIE ET ÉLIXIRS DE CRISTAUX :

- ❖ **Améthyste** - "le maître guérisseur", cette pierre peut aider à lutter contre l'anxiété de séparation et aider votre animal à se concentrer.

- ❖ **Quartz rose** - Amour et équilibre. Cette pierre ou essence peut réduire le stress et ouvrir les cœurs à l'amour et à la douceur.

- ❖ **Quartz clair** - "Un autre maître guérisseur". Peut amplifier les intentions et approfondir le lien entre les chiens et leurs propriétaires

- ❖ **Citrine** - Cette pierre ou essence peut apporter clarté et bonheur.

- ❖ **Sodalite bleu** - Cette pierre ou cette essence peut être utile pour les animaux nerveux qui paniquent et ont peur.

Certains chiens mâchent des pierres. Si votre chien a tendance à mâcher des pierres, placer des pierres autour de la maison n'est pas une bonne idée en raison de la possibilité d'avaler les pierres. Et certaines pierres précieuses sont toxiques comme la malachite si elles sont ingérées. Encore une fois, soyez prudent lorsque vous utilisez des pierres dans votre maison ou sur des colliers. Dans ce cas, il serait avantageux d'utiliser le spray ou de mettre les essences de gemmothérapie ou d'élixirs de cristaux dans le bol d'eau ou directement dans la bouche de votre chien. En outre, il est recommandé de trouver des essences de gemmothérapie tolérées par les animaux.

15

AFFIRMATIONS POSITIVES

Changez votre façon de penser, changez votre réalité.

D'après mon expérience, nous avons tendance à nous concentrer et à retenir les côtés négatifs de notre vie plutôt que de mettre en avant les événements positifs et les choses que nous aimons et qui nous procurent du plaisir. Et ces sentiments se répercutent et sont similaires quand nous pensons à nos animaux de compagnie. Lorsque nous attachons particulièrement de l'importance à la mauvaise santé de notre animal ou que nous attirons l'attention sur des choses que nous ne souhaitons pas qu'il fasse, métaphoriquement parlant, "nous le mettons dans une boîte". Nous pouvons dire des choses comme : «Mon chien a peur des hommes.» «Mon chien déteste les gens.» «Mon chien est un malade» «Mon chien me rend fou.» Nous croyons que ce qu'ils sont maintenant est ce qu'ils seront toujours et nous sommes la victime de notre animal de compagnie.

Face à chaque émotion, on trouve une émotion égale et opposée. Lorsque nous nous sentons victimisés par notre animal de compagnie, ce qui est une émotion naturelle, nous le percevons comme un agresseur qui agit ainsi pour nous blesser. Cependant, avec un léger changement de pensée, nous pouvons progressivement transformer ce sentiment inconfortable et par conséquent inverser ce comportement.

C'est aussi simple que de se concentrer sur ce que vous désirez et non sur ce que vous ne voulez pas. Lorsque vous vous concentrez sur le problème, vous le nourrissez énergiquement et le problème ne fera qu'empirer. C'est la même chose avec les enfants. Lorsqu'un jeune enfant fait une chute et se blesse le genou, si nous nous précipitons vers l'enfant en lui transmettant notre peur et en lui disant : «Oh NON! Tu vas bien ?!", l'enfant finira par paniquer et crier comme si c'était la fin du monde. Cependant, si nous rejoignons l'enfant calmement et l'aidons à s'essuyer les genoux et à le rassurer, l'enfant se sentira mieux et recommencera à jouer.

Il en va de même pour votre animal.

Être compatissant est une bonne chose, mais surenchérir le phénomène du ressenti de la souffrance, allonge le processus de guérison et augmente le stress de l'animal. Et surtout, plus vous serez stressé, plus votre animal le sera également.
Quelle est la "croyance" négative que vous éprouvez à propos de votre animal de compagnie ? Quel est le

problème que vous rencontrez ? Qu'attendez-vous de lui à votre retour de votre travail ?

Comment souhaitez-vous que votre animal se comporte ? À quelle fréquence pensez-vous à votre chien et à son problème et par là-même combien de fois prononcez-vous à haute voix son nom ? Le dites-vous devant votre chien pendant que vous racontez votre histoire aux gens autour de vous ? Votre chien fait-il quelque chose qui vous plaît? À quand remonte la dernière fois où vous étiez heureux en compagnie de votre chien ?

Voici quelques réflexions et affirmations qui peuvent être utiles pour aider à transformer les difficultés que vous rencontrez avec votre animal :

- ❖ À partir d'aujourd'hui, je ferai de mon mieux pour ne pas me plaindre de mon chien.

- ❖ À partir d'aujourd'hui, je suis prêt à voir mon chien différemment.

- ❖ À partir d'aujourd'hui, je réalise que mon chien aspire à mon amour.

- ❖ À partir d'aujourd'hui, j'aimerai davantage mon chien et je me souviendrai qu'il y a toujours une réponse à chaque question et une solution au problème.

- ❖ J'aime mon chien.

- ❖ Aimer mon chien est facile.

- ❖ Je suis aimé.

- ❖ Je suis en sécurité et mon animal est en sécurité.

- ❖ J'apprécie tout autour de moi: le bien et les difficultés et les défis.

- ❖ Je suis conscient.

- ❖ Mon chien m'aime.

- ❖ J'aime ma maison.

- ❖ Mon chien adore sa maison.

- ❖ Nous sommes heureux ensemble.

- ❖ Nous nous aimons et nous apprenons de plus en plus les uns envers les autres chaque jour.

- ❖ Mon cœur est ouvert et je me permets d'aimer mon animal de compagnie. Mon animal m'aime.

- ❖ J'adore mon chien et j'apprécie sa volonté de communiquer à sa manière.

- ❖ Mon chien est unique et j'adore son enthousiasme.

- ❖ J'adore voir mon chien heureux.

- ❖ J'adore jouer avec mon chien.

- ❖ J'aime mon chien.

- ❖ J'adore les câlins avec mon chien.

- ❖ J'adore être heureux avec mon chien.

- ❖ J'adore voir mon chien heureux.

- ❖ Mon chien et moi évoluons sans effort au gré des changements de la vie.

- ❖ J'écoute mon chien.

- ❖ Je permets à mon animal de grandir, de changer et de ressentir de plus en plus d'amour.

- ❖ Je suis en sécurité, mon animal est en sécurité et nous sommes en sécurité.

- ❖ Je libère maintenant mes réactions négatives au comportement ancien de mon animal et permets à mon animal de changer.

❖ J'adore mon chien et il m'aime.

❖ Notre lien s'approfondit chaque jour.

❖ Nous sommes une équipe.

❖ J'aime mon chien.

❖ Au fur et à mesure que notre lien s'approfondit, nos cœurs s'ouvrent et nous sommes libres, profitant de notre vie parfaite ensemble.

❖ Au fur et à mesure que notre lien s'approfondit, nos rêves peuvent devenir réalité.

❖ Il y a toujours une réponse à chaque question et une solution au problème.

Vous pouvez modifier les affirmations ci-dessus en fonction de vos désirs spécifiques.

Quand vous pensez à votre chien et que vous avez des angoisses, choisissez l'une ou plusieurs des affirmations ci-dessus. Répétez les affirmations au minimum trois fois ou prenez un moment pour lire toutes les affirmations présentées dans ce chapitre. Si vous le faites pendant un mois, vous allez voir les changements entre vous et votre animal de compagnie.

Au minimum, passer une minute par jour à méditer combien vous aimez votre animal, est le début de toute transformation et conduira en majeure partie à la guérison de votre chien.

16

CONCLUSION

Plus j'en sais, moins je le sais.

De nombreuses informations vous ont été communiquées dans ce livre afin que vous puissiez vous rendre compte de l'état d'esprit de votre chien et reconnaître s'il ressent de la douleur. Il y est aussi particulièrement souligné l'importance d'une nourriture saine. Les principaux et différents types d'anxiété et leurs origines possibles, auxquels vous pouvez être confrontés, vous ont également été présentés. Vous trouverez dans ce guide, de nombreux remèdes naturels et thérapies douces pour soulager l'anxiété de vos animaux de compagnie. Je vous ai partagé mes propres expériences de soins sur ces patients et apporté quelques conseils pour soulager votre propre stress suivant les modalités du processus choisi.

Malgré tous les défis que les chiens peuvent présenter, ils gardent une place précieuse et chaleureuse dans notre cœur. J'espère que dans votre recherche pour découvrir comment aider votre meilleur ami, vous avez, au cours de la lecture de ce guide, approfondi les liens de votre relation entre lui ou elle, et vous, et que cette lecture vous a donné l'envie de vivre de belles aventures futures ensemble, avec tous les rêves souhaités avec votre merveilleux partenaire.

En l'honneur de tous les chiens et dans le plus profond respect des personnes qui leur vouent un grand amour, je vous remercie du fond du cœur de m'accorder de faire partie de vos vies.

Contacter l'Auteur

Tamara continue à recevoir en consultation les personnes et les animaux au Centre de Soins à Huelgoat (France) et à Osteo Tam (Texas) mais aussi lors de voyages en France et à l'étranger. Elle consulte également par vidéoconférence, propose des cours certifiés, des séminaires et des activités et partage des enseignements en ligne.

Si vous vous posez des questions ou vous souhaitez obtenir plus de renseignements sur ses services, vous pouvez consulter :

Site : www.tamarashaw.com
Facebook : OsteoTam
Instagram : PetsnPeople2
YouTube : Tamara Shaw

Vous pouvez aussi vous connecter avec Jean-Pierre Hourdebaigt à www.massageawareness.com.

Merci pour votre confiance.